城/乡/社/区/工/作/理/论/与/实/务/丛/书

CUNMIN ZIZHI GONGZUO LILUN YU SHIWU

村民自治工作理论与实务

陈新祥 唐 鸣 主编

中国社会出版社
国家一级出版社 全国百佳图书出版单位

编委会

前　言

改革开放的历程，也是村民自治不断进行实践和制度创新的历程。经过30多年的发展，村民自治从无到有，从萌芽、起步走向不断完善，从微观“草根民主”走向宏观政治制度。我国的村民自治制度日益完善，组织体系日臻健全，自治内容不断丰富，自治形式更加多样，在增强农民主体性、促进农村经济发展、保持农村稳定和社会和谐等方面发挥了积极作用。可以说，村民自治在中国特色社会主义建设中孕育发展、成长壮大、提升地位、发挥作用，最终走上了中国特色社会主义基层民主政治的康庄大道。

2010年10月28日，第十一届全国人民代表大会常务委员会第十七次会议表决通过了修订后的《中华人民共和国村民委员会组织法》，从村民委员会成员的选举和罢免程序、民主议事制度、民主管理和民主监督制度等方面进行了细化完善，突出了法律的时代性、科学性和可操作性。党的十八大报告指出：“要健全基层党组织领导的充满活力的基层群众自治机制，以扩大有序参与、推进信息公开、加强议事协商、强化权力监督为重点，拓宽范围和途径，丰富内容和形式，保障人民享有更多更切实的民主权利。”这就要求工作在村民自治第一线的基层干部群众解放思想、与时俱进，准确把握村民自治的历史脉络、制度内容和发展趋势。为此，我们会同华中师范大学的专家、学者编写了这本《村民自治工作理论与实务》，供基层干部群众培训或者自学使用。

本书紧密结合我国村民自治工作的实际，具有知识面宽、重点突出、内容精练、适合培训和自学等特点。在编写中，突出了三项原则：一是针对性。根据培训工作的实际需要，对村民自治的学科内容进行了合理取舍，删繁就简，突出了重点、难点和关键点。二是实用性。在梳理基础知识的同时，多数章节都提供了创新案例，供学员学习、交流、探讨。三是有效性。考虑到基层干部群众业务繁忙、学习时间宝贵，我们在村民自治的庞大知识体系中精心选取了编写内容，以保证培训和学习的实际效果。

本书的编写主要依据《中华人民共和国村民委员会组织法》，《中国共产党农村基层组织工作条例》，《中共中央办公厅、国务院办公厅关于健全和完善村务公开和民主管理制度的意见》（中办发〔2004〕17 号），中央纪委、中央组织部、民政部等十二部委《关于进一步加强村级民主监督工作的意见》（民发〔2012〕162 号），《农业部监察部关于印发〈农村集体经济组织财务公开规定〉的通知》（农经发〔2011〕13 号），《湖北省村民委员会选举办法》，《湖北省村务公开目录》（鄂民政规〔2012〕4 号）等法律、法规、规章、政策等，保证内容准确、有效。

本书主要由五部分组成：第一部分为村民自治概论；第二部分为村民委员会；第三部分为民主选举、民主决策、民主管理、民主监督；第四部分为大力推进村民自治工作；第五部分为附录，主要收录了有关村民自治的法律、法规、规章、政策等，供大家参考引用。

本书在编写过程中，广泛吸收了村民自治学界已有的研究成果，有些案例直接选取自相关出版物，并参考、引用了部分著作、文件资料，在此，我们一并表示感谢！

另外，由于编写时间紧、任务重，本书也难免存在不足之处，需要经过实践检验，不断修正提高，期望得到各级领导、专家学者和实践工作者的批评指正。

编　者

2013 年 9 月

目录

第一章　村民自治概论

村民自治就是广大村民群众在中国共产党的领导下，依据国家宪法、法律、法规和政策，通过行使民主选举、民主决策、民主管理和民主监督等权利，管理本地区的经济文化事业、公共事务和公益事业，最终实现自我管理、自我教育、自我服务和自我监督的过程。村民自治是中国特色社会主义民主政治制度的一部分，是党领导亿万农民建设中国特色社会主义民主政治的伟大实践。

第一节　村民自治的发展历程

一、村民自治诞生的历史背景

村民自治作为一种中国特色的乡村治理模式，植根于中国历史传统之中，同时又是现代民主政治的产物，与当代中国的政治、经济、社会环境密切相关。

从历史传统看，我国古代以乡村组织为核心，形成皇权控制与乡村自治相结合的治理模式。这种治理模式肇始于商周时期的里邑—乡遂制，历经秦汉的什伍—乡亭里制、北魏的宗主督护—三长制、唐代的乡里—保邻制、宋代的都保—保甲制、元代的里保邻制—社制、明清的里甲—保甲制，其职能不仅有征徭役、课赋税、管户政、守户望等，还有劝课农桑、推动公益、教化人民等。这种以乡绅、宗族、家族自治为核心的中国传统乡村治理模式沿袭着“皇权不下县”的历史传统，构成了现代民主政治语境下乡村自治的历史根源。

近代以后，西方民主政治思想在中国不断得到传播，梁启超等人率先提出了“秉西法、重乡权”，建立“地方自治政体”的主张。在实践中，晚清政府试图通过推行地方自治挽救其岌岌可危的政治统治，而国民政府在中央政权控制力有限的情况下更是鼓励各级地方推行乡村自治。可以说，近代中国中央政权的式微为中国乡村自治的成长提供了契机。

新民主主义革命时期，中国共产党领导人民群众不断发挥农村基层组织的政治动员和组织基础作用，在国民革命、土地革命、抗日战争、解放战争中取得了一个又一个胜利，最终推翻了帝国主义、封建主义、官僚资本主义三座大山的压迫，实现了彻底的解放。在共产党领导下的乡村治理过程中，基层治理组织形式历经农会、乡村苏维埃、乡政村所、村政府等的不断创新，广大农民的民主意识不断觉醒，自治能力不断提高。

新中国成立后，广大农村仿照苏联模式普遍建立起高度集中的计划经济模式，农民对生产资料的占有显然有限，在国家利益和集体利益面前，作为“私”的表现的个体化农民日益丧失了主体地位。20 世纪 50 年代，合作化运动进入高潮，人民公社制度不断推广，国家对乡村社会的控制力显著增强，乡村自治的可能性微乎其微。党的十一届三中全会后，以“分田到户”和“家庭承包经营”为特征的家庭联产承包责任制普遍推行。农村经济体制的变革增强了广大农民的经济自主权，乡村干部之前单纯依靠行政命令管理乡村社会的权威性大打折扣，迫切需要变革。在这一背景下，新的乡村治理模式呼之欲出。

二、村民自治发展的历史阶段

村民自治伴随着我国改革开放的伟大实践从无到有，从萌芽、建立、形成、发展到不断完善。通过 30 多年的发展，我国村民自治制度日益完善，组织体系日臻健全，自治内容不断丰富，自治形式更加多样，走上了中国特色社会主义基层民主政治的康庄大道。

（一）村民自治实践的萌芽期（1979—1982年）

党的十一届三中全会以后，人民公社体制逐渐解体，家庭联产承包责任制不断在全国推行开来。体制改革在农村的突破，使广大农民获得了生产经营自主权，也使农村的生产方式和分配方式发生了显著变革，直接冲击了国家对农村的管理体制。在新旧体制的转换中，国家力量逐步从乡村社会中退出，许多事关农民利益的管理职能虚化。比如，社会治安、社会福利、土地管理、水利建设等无人问津，乡村社会治理出现了权力真空，甚至在一些地方，农村基层组织体系处于瘫痪或半瘫痪状态。

1979年的合寨村正是这一现象的真实写照。合寨村位于广西壮族自治区宜山县三岔公社（今宜州市屏南乡）东南部大石山区，面积33.4平方公里，耕地面积3578亩，有1050户、4336人，分散居住在12个自然屯。1979年，“分田到户”的合寨村一度陷入管理真空，导致赌博的多、盗窃的多、乱砍滥伐的多、唱痞山歌的多、放浪荡牲口的多、搞封建迷信的多，管事的人少，时称“六多一少”。痛感于这些现象，1980年1月起，合寨大队的果地屯、果作屯等自然村的部分党员干部组织村民自发成立治安联防队、选举干部成立（自然）村民委员会，订立村规民约管理章程。1980年2月5日，果作屯全村85户，一户一个代表在村头有300年历史的大樟树下集会，一人一票选举村领导。此后不久，又召开全村大会，制定了村规民约和封山公约，文件以村民委员会名义公布，并印有85户村民的指模或印章。这是目前村民自治史上有据可查的第一份正式的村规民约，具体内容如下：

村规民约

一、必须提高思想觉悟，认真体会安定团结的重要意义。

二、严禁赌博，不准在私宅、村里开设赌场，违者罚款10元。

三、为了保苗夺丰收，严禁放猪，违者罚款5角，并给予赔偿损失处理。

四、维护正常的娱乐活动，不准在村内、村附近对唱野山歌，违者罚款每人10元。

五、不准在路边、田边、井边挖鸭虫，受损失的罚工修补。

六、不准盗窃，违者按件加倍赔偿并罚款5元；情节严重者，呈报上级处理。

七、遗失东西，拿回交给村委会，归还原主。

八、不准在泉边、河边大便，不准在上游洗衣、洗头梳发，晾晒蚊帐、床单等污染东西。

九、讲卫生光荣，不讲卫生可耻，自觉做到码头经常冲洗，保持清洁。

果作村民委员会

1980年7月14日

封山公约

一、不准毁林开荒，违者每平方尺罚款5角。

二、不准在封山内砍柴、挖树根、割草皮、打石头，违者每百斤罚款10元。

三、村里的风景树不准折枝乱砍，违者罚款15元。

四、不准盗窃林木，违者每百斤罚款15元。

五、实行护林有功者奖、毁林者罚的办法，对维护林木有功者奖5%奖金。

六、不准在育林区放牛羊群，每头罚款1元，外村罚2元。

果作村民委员会

1980年7月14日

从以上的村规民约和封山公约中可以看出，当时的村民委员会的功能主要是维持社会治安和维护集体公益设施。但这个会议的召开却奠定了宜山（宜州）作为中国村民自治发源地的历史地位。同时，村民委员会的建立对当地的乡村治理起到了立竿见影的效果。在村民委员会的组织管理下，“六多一少”变成了“六少一多”，赌博的少了，盗窃的少了，乱放浪荡牲口的少了，盗砍盗伐集体林木的少了，唱痞山歌的少了，搞封建迷信的少了，管事的人多了；修路、通电、修码头、造林等公共事务热火朝天地开展起来，村内各项事业欣欣向荣，村民自治开始展现出它的独特魅力。到 1982 年 4 月，宜山、罗城两县共有 675 个村建立了村民委员会，占两县自然村总数的 15% 左右。与此同时，四川、河南、山东等省的一些农村地区也陆续出现了村民委员会式的组织。

这一阶段村民自治的发展有这样几个特点：

一是村民自治的发展基本处于自发阶段，村民委员会的建立完全是出于农民群众的自我需要。

二是村民委员会的形式并不统一，呈现多样化的特征。从名称来看，有的地方叫“村管会”，有的叫“议事会”，而有的叫“治安领导小组”；从管辖区域看，这一时期的村民委员会管辖区域并不等同于原有人民公社体制下的大队，有些地方村民委员会管辖的区域仅仅局限于一个或者几个自然村。

三是村民委员会在组织数量增多的同时，职能也在不断扩充。村民委员会日益成为农民群众对乡村社会政治、经济、文化诸多事务进行自我管理的活动平台，村民委员会的性质逐步向基层群众性自治组织演变。

（二）村民自治组织载体的建立期（1982—1987 年）

1982 年 8 月，中共中央转发《全国政法工作会议纪要》文件指出，近年有些地方建立的村民委员会是“群众性自治组织”，订立公约，共同遵守，“经验是成功的”，并要求各地“有计划地进行建立村民（或乡民）委员会试点”。

1982 年 12 月，第五届全国人民代表大会第五次会议通过的《中华人民共和国宪法》第一百一十一条明确规定：村民委员会是我国乡村社会的“基层群众性自治组织”，“主任、副主任、委员由村民选举”。这就以根本大法的形式确定了村民委员会的法律地位，从而为广大农村实行村民自治提供了法律依据。同时这也明确了农村社会管理实行村民自治的基本方向。不久各地纷纷结合实际开展村民委员会建立试点工作。

1983 年 10 月，中共中央、国务院发出《关于实行政社分开建立乡政府的通知》，正式宣告人民公社体制的终结，并再次强调“村民委员会是基层群众性自治组织”，“村民委员会主任、副主任和委员要由村民选举产生”，同时明确要求在农村建立由村民选举产生的村民委员会，并对村民委员会的设立、职能、产生方式进行了初步规定。此后，全国普遍开始了撤销生产大队，设立村民委员会的工作。到 1985 年，全国共建立村民委员会 948618 个。

1986 年 9 月，中共中央、国务院发出《关于加强农村基层政权建设工作的通知》，强调要进一步加强农村基层政权建设，高度重视村民委员会建设工作，同时明确规定由民政部门负责村民委员会建设的日常工作。到 1987 年《中华人民共和国村民委员会组织法（试行）》颁布时，除个别省份以外，全国绝大多数农村地区普遍建立了村民委员会。

总体而言，这一阶段村民自治的发展呈现这样几个特点：

一是村民自治的发展实现了从自发到自觉的过程。在这一时期，村民自治的发展获得了党和国家的高度重视，中央在不断总结各地实践的基础上将村民自治的“田野政治”上升到宪法原则，为其建章立制和后续发展提供了政策支持和组织依靠。

二是村民自治的发展有了规范化的标准和名称，摆脱了此前杂乱无章的状态。各地开始按照宪法的规定，对村民自治的组织形式、组织名称、组织机构、组织成员等作出统一规定，即村级自治组织形式上实行委员会制，组织名称统一称为村民委员会，组织成员按照分工统一称为村民委员会主任、副主任和委员，组织机构统一设置包括村调解委员会、治安保卫委员会、公共卫生委员会等。

三是这一阶段村民自治的发展主要侧重于组织体系的建设，组织管理规范上还处于摸索阶段。在村民委员会普遍建立的过程中也遇到了许多问题，如缺乏统一的管理规范等。但随着村民自治工作的开展，民主法治的思想逐渐深入人心，村民自治的组织载体已经初步具备。

（三）村民自治制度框架的形成期（1987—1990 年）

改革开放促进了国民经济的发展，同时也加快推动了国家政治体制改革和民主政治建设进程。1987 年 10 月召开的中国共产党第十三次代表大会强调建设高度的社会主义民主是社会主义现代化建设的重要目标之一，同时指出现阶段民主政治建设必须着眼于实效，着眼于调动基层群众的积极性。

在这一背景下，1987 年 11 月第六届全国人大常委会第二十三次会议最终审议通过了先后修改 30 次的《中华人民共和国村民委员会组织法（试行）》。这部法律依据宪法有关村民自治的规定，对村民委员会的性质、地位、职责、产生方式、组织机构和工作方式以及村民会议的权力和组织形式等作了全面而具体的规定，使村民自治作为一项新型的群众自治制度和直接民主制度在法律上正式确立了地位。

1988 年 6 月 1 日，《中华人民共和国村民委员会组织法（试行）》在全国开始试行。从此，村民自治有了具体的制度规范作指导，步入了规范化和法制化建设阶段。为积极落实尚处在试行中的村民委员会组织法，民政部在全国组织开展村民自治示范活动。1988 年，民政部推动全国 1093 个县级单位进行贯彻《中华人民共和国村民委员会组织法〈试行〉》的试点工作，20 多个试点省（自治区）颁布了本省（自治区）的实施办法。到 1989 年年底，全国有 14 个试点省（自治区）在试点的基础上开始依法选举村民委员会干部，促进了民主选举制度的建立和完善。

1990 年，中组部、民政部等五部门在山东莱西联合召开全国村级组织建设工作座谈会，初步明确村民自治的基本内容。不久，中共中央明确发出《关于批转〈全国村级组织建设工作座谈会纪要〉的通知》，明确要求认真贯彻村民委员会组织法，要求每个县都要选择若干村开展村民自治示范活动，以实际效果消除人们对村民自治的质疑。1990 年 9 月，民政部发出了《关于在全国农村开展村民自治示范活动的通知》，此后全国各地普遍开展了村民自治示范活动。

这一阶段的村民自治有这样几个特点：

一是村民自治实现了由宪法原则到具体制度的飞跃。《中华人民共和国村民委员会组织法（试行）》的颁布实际上就是社会主义法制建设不断进行思想解放的过程，虽历经曲折，但最终实现。

二是村民自治的制度创立与制度实践良性互动。有了具体法律的指导，村民自治工作有了更为可靠的保障，广大干部群众对村民自治的认识从分歧较多到逐步统一，对村民自治的实践也从示范探索到基本普及。

（四）村民自治的发展期（1990—1998 年）

为了积极稳妥地推进村民自治，1992 年民政部、司法部等部门在山东章丘召开会议，总结了“依法建制，以制治村，民主管理”的经验，丰富了村民自治的内容。1994 年 2 月，民政部发布了《全国农村村民自治示范活动指导纲要（试行）》，对村民自治示范活动的目标、任务、指导方针、具体措施等作了全面系统的规定，并第一次明确提出要建立民主选举、民主决策、民主管理、民主监督四项民主制度。

1994 年 11 月，中共中央召开全国农村基层组织建设工作会议，并发出《关于加强农村基层组织建设的通知》，提出了新时期加强农村基层组织建设的目标、重点和政策措施，进一步完善了村民自治的内容和形式。

1995 年 11 月，民政部在北京召开全国村民自治示范工作经验交流暨城乡基层先进集体和先进个人表彰会议，第一次命名表彰了 31 个“全国村民自治模范县（市、区、旗）”。1998 年 4 月，民政部在河南许昌召开全国村民自治工作经验交流会议，总结交流十年来村民自治工作的基本经验，命名表彰了第二批 95 个“全国村民自治模范县（市、区、旗）”。截至 1998 年年底，全国共确定村民自治示范县（市、区、旗）488 个，示范乡镇 10754 个，示范村 20.7 万个，占村民委员会总数的 25%，形成了省（自治区、直辖市）有村民自治示范县、地（市）有示范乡（镇），县（市）有示范村的格局。

在村民自治模范单位的影响和促进下，全国村民自治活动持续开展，各项民主制度进一步健全。截至 1998 年 6 月底，全国已有 26 个省、自治区、直辖市的人大常委会制定了实施村民委员会组织法的地方法规，福建、江苏、辽宁、湖南、河北、贵州、内蒙古、河南、宁夏 9 个省、自治区还制定了专门的村民委员会选举办法。全国普遍完成了两届村民委员会选举。其中，有 18 个省、自治区、直辖市基本完成了第三届选举。福建、河北、黑龙江、内蒙古等省、自治区已进行或正在进行第四届选举。

总结这一阶段村民自治的发展，可以看出这样几个特点：

一是村民自治实现了从制度框架搭建到内容充实的过程，尤其是“四个民主”的提炼，丰富了村民自治的内涵，使得村民自治有规可循。

二是村民自治推进过程中特别重视典型示范的作用。通过典型示范鼓励先进、鞭策后进、积累经验、总结教训，大大推进了村民自治的发展。值得一提的是，在这一时期选举技术和程序不断创新，民主性、竞争性日益加强，选举制度日益完善，出现了“海选提名”“竞选演讲”、预选或村民代表无记名投票确定正式候选人、函投、设立秘密写票间、公开唱票、计票等实践创新。

三是村民自治的发展不平衡。各地贯彻落实《中华人民共和国村民委员会组织法（试行)》的进程并不一致。有的省、自治区、直辖市缺乏具体的实施办法，甚至个别地方反而强化了对基层的行政管理。

（五）村民自治的深化期（1998—2007 年）

1997 年 9 月，党的十五大报告突出强调要扩大基层民主、进一步完善民主选举制度和村务公开制度。1998 年 6 月，中共中央办公厅、国务院办公厅联合发出《关于在农村普遍实行村务公开和民主管理制度的通知》，对完善民主选举、民主决策、民主管理、民主监督制度，提出更加具体的要求。1998 年党的十五届三中全会指出“扩大农村基层民主，实行村民自治，是党领导亿万农民建设有中国特色社会主义民主政治的伟大创造”，对村民自治给予高度评价。

1998 年 11 月 4 日，《中华人民共和国村民委员会组织法》正式颁布，标志着我国村民自治进入了制度化、法制化的新阶段。

总结这一阶段的历程，村民自治体现了这样几个特征：

一是《中华人民共和国村民委员会组织法》实现了由“试行”到全面

实施的转变。它的正式颁布实现了村民自治的突破性进展，包括民主选举更加直接，如村民可以直接选举委员会、直接提名候选人；更加注重选举的公平、公开，如实行差额选举、有效投票的双过半、秘密投票等；明确了罢免村民委员会成员的依据、程序的启动及运行。

二是村民自治实施的外部环境大大改善。尤其是进入新世纪新阶段，党中央、国务院更加重视“三农”问题，农业税的取消、社会主义新农村建设的开展、农村社区建设的推进以及其他一系列利农、惠农政策的实施，为村民自治的深化营造了前所未有的宽松环境，村民自治迎来了历史性的发展机遇。

三是村民自治有了更为具体的法制保障，形成了较为完善的制度体系。全国29个省、自治区、直辖市制定了村民委员会组织法实施办法，31个省、自治区、直辖市制定了村民委员会选举的地方性法规，河北、广东、陕西等省还制定了村务公开工作条例。

四是村民自治的形式不断丰富。在这一阶段，一些地方创造了“村务大事村民公决”、农村“民主日”等办法，有效保障村民群众的决策权。为加强对村干部的监督，一些地方设立了村务监督委员会等村务监督机构，有效保障了村民的监督权。

（六）村民自治的完善期（2007年至今）

2007年党的十七大报告指出，要“发展基层民主，保障人民享有更多更切实的民主权利”，“要健全基层党组织领导的充满活力的基层群众自治机制，扩大基层群众自治范围”，“完善村务公开等制度，实现政府行政管理与基层群众自治有效衔接和良性互动”。2012年党的十八大报告指出，“在城乡社区治理、基层公共事务和公益事业中实行群众自我管理、自我服务、自我教育、自我监督，是人民依法直接行使民主权利的重要方式”，“要健全基层党组织领导的充满活力的基层群众自治机制，以扩大有序参与、推进信息公开、加强议事协商、强化权力监督为重点，拓宽范围和途径，丰富内容和形式，保障人民享有更多更切实的民主权利”。

自2009年至2011年，在全国范围内开展了“难点村”治理工作。截至2011年年底，排查出的“难点村”基本得到有效治理，村级组织和村干部队伍建设切实加强，村级民主管理制度不断完善，一些农村社会矛盾纠纷得到化解，“难点村”的落后面貌进一步改变，为农村改革发展稳定奠定了良好的基础。

为适应农村经济社会的深刻变化，特别是城乡户籍制度、农村税费制度改革的不断推进，2010年10月28日，全国人大常委会在总结村民自治实践的基础上，表决通过了修改后的《中华人民共和国村民委员会组织法》。这次修订主要是以法律的形式把历次村民委员会换届选举中各地探索的一些能够切实保障村民群众直接行使民主权利的经验和做法固化、深化。

2012年9月，中央纪委、中央组织部、民政部等十二部委印发《关于进一步加强村级民主监督工作的意见》，对当前和今后一段时间的村务公开和民主管理工作提出了具体要求。

总结这一阶段村民自治的发展，有这样几个特点：

一是村民自治被党和国家提到了新的高度。党的十七大报告前所未有地把“基层群众自治制度”确立为我国社会主义民主政治的四项基本制度之一和中国特色社会主义政治发展道路的重要内容，党的十八大又进一步将这一制度上升为中国特色社会主义制度的一项重要内容，村民自治的地位得到重大提升，这必将为村民自治的发展提供更为广阔的发展空间。

二是村民委员会组织法更加与时俱进，科学合理。修订后的村民委员会组织法着眼于规范程序、完善制度，主要从村民委员会成员的选举和罢免程序、民主议事制度、民主管理和民主监督制度等方面进行了细化和完善，突出了法律的时代性、科学性和可操作性。

三是村民自治的组织体系更加完善。经过30多年的发展，村民自治逐步形成了以竞争性选举产生的村民委员会为工作机构，以村民会议和村民代表会议为议事决策机构，以村务监督委员会等为经常性监督机构的村民自治组织架构。

第二节　村民自治的主要内容

村民自治作为中国特色社会主义基层民主制度的重要实现形式，在内涵上有这样几点必须强调：一是村民自治的发展存在一个逻辑前提，即坚持党的领导原则。中国共产党是中国特色社会主义事业的领导核心。党的领导是村民自治权利得以完整行使的前提条件，也是村民自治健康发展的可靠保障。二是村民自治的发展存在一个限制条件，即坚持依法自治原则。一方面，广大村民必须在国家宪法、法律、法规及规章、制度所规定、所允许的范围内行使自治权利；另外一方面，任何组织和个人都没有超越国家法律规定干预村民自治范围内事务的特权。三是村民自治的主体是村民群众，其依法享有民主管理本村公共事务和公益事业的法定权利。村民委员会既不是国家机关，也不是国家机关的派出机构，而是基层群众性自治组织。四是村民自治的价值目标和最终目的是实现村民的自我管理、自我教育和自我服务，以此保证国家对乡村社会的有效治理。在外延上，村民自治既是一种制度体系，也是一种组织体系，更是一种运行状态和价值目标。

一、制度体系范畴的村民自治

村民自治作为一种制度体系，不仅包括宪法中有关村民自治的规定，也包括《中华人民共和国村民委员会组织法》这一具体法律，还包括各省、自治区、直辖市为贯彻村民委员会组织法而制定的实施办法、实施细则、工作条例等，也包括村一级的村规民约、村民自治章程等。

（一）宪法层面的村民自治

根据现行宪法，村民的自治权主要来源于以下条文。《中华人民共和国宪法》第二条规定："中华人民共和国的一切权力属于人民。"《中华人民共和国宪法》第一百一十一条规定："城市和农村按居民居住地区设立的居民委员会或者村民委员会是基层群众性自治组织。居民委员会、村民委员会的主任、副主任和委员由居民选举。居民委员会、村民委员会同基层政权的相互关系由法律规定。""居民委员会、村民委员会设人民调解、治安保卫、公共卫生等委员会，办理本居住地区的公共事务和公益事业，调解民间纠纷，协助维护社会治安，并且向人民政府反映群众的意见、要求和提出建议。"宪法明确规定了村民委员会的性质、设立、人员组成、机构设置、主要任务以及与基层人民政府的关系等重要问题，确立了村民自治的总原则和大方向。这两条规定相对原则、抽象，却是村民自治权的宪法渊源，充当着"母法"的作用。其他一切有关村民自治的"子法"规定，均源于对宪法的具体化、明确化。

（二）法律层面的村民自治

法律层面的村民自治的制度基础来源于《中华人民共和国村民委员会组织法》总则部分的原则规定以及各章节的具体规定。比如，《中华人民共和国村民委员会组织法》第二条有关村民委员会性质的规定："村民委员会是村民自我管理、自我教育、自我服务的基层群众性自治组织，实行民主选举、民主决策、民主管理、民主监督。"再比如第十六条有关村民自治中罢免权的规定："本村五分之一以上有选举权的村民或者三分之一以上的村民代表联名，可以提出罢免村民委员会成员的要求，并说明要求罢免的理由。被提出罢免的村民委员会成员有权提出申辩意见。罢免村民委员会成员，须有登记参加选举的村民过半数投票，并须经投票的村民过半数通过。"村民委员会组织法就是以宪法为依据，在总结实践经验的基础上，把宪法的有关规定具体化为可操作的条文。

（三）地方性法规层面的村民自治

地方性法规层面的村民自治的制度基础来源于各省、自治区、直辖市根据村民委员会组织法的有关规定和自身情况制定的实施办法、选举办法、选举规程等。截至目前，各地已经陆续出台了许多这方面的法律规范并指导村民自治实践。如：《河北省实施〈中华人民共和国村民委员会组织法〉办法》、《湖北省村民委员会选举办法》、《北京市村民委员会选举工作规程》等。

（四）规章层面的村民自治

主要是国务院组成部门单独或者联合其他部门，省、自治区、直辖市人民政府和较大的市的人民政府等为执行法律、行政法规、地方性法规的规定，制定的涉及村民自治具体事项的规范性文件。比如：《民政部关于贯彻落实〈中共中央办公厅、国务院办公厅关于加强和改进村民委员会选举工作的通知〉的通知》、《农业部、监察部关于印发〈农村集体经济组织财务公开规定〉的通知》等。

（五）村级规范性文件层面的村民自治

主要是村民群众在本村居住区域范围内，依据有关村民自治的党的方针政策和国家法律、法规，结合本村实际，为维护本村的社会秩序和优秀民俗，促进本村经济社会发展而制定的约束规范本村村民行为的村民自治章程、村民自治约定等。它是村民自己的“小宪法”，是村民共同认可的“公约”，是村民实施自治的重要依据。比如，有些地方为推动本村计划生育工作的开展，保障村民的计划生育权益，促使村民委员会等基层组织以及村民个人正确履行计划生育义务，按照党和国家计划生育方针、政策和法律、法规及村民自治章程，制定了类似计划生育村规民约等规约，指导本村计划生育工作，并取得了良好效果。村民自治章程、村规民约等由村民会议制定和修改，但需要报乡、民族乡、镇的人民政府备案。村民自治章程、村规民约以及村民会议或者村民代表会议的决定不得与宪法、法律、法规和国家政策相抵触，不得有侵犯村民的人身权利、民主权利和合法财产权利的内容。若有以上情况的，由乡、民族乡、镇的人民政府责令改正。

二、组织体系范畴的村民自治

组织体系范畴的村民自治主要体现为村庄自治体内存在的以村民会议

或村民代表会议为代表的决策机构、以村民委员会为代表的执行机构、以村务监督委员会为代表的监督机构。

（一）村民会议或村民代表会议

村民会议是村民实现自治的最直接形式，是本村居民实现村民自治的权力机构和决策机构。村民会议由本村十八周岁以上的村民组成。人数较多或者居住分散的村，可以设立村民代表会议，讨论决定村民会议授权的事项。

村民会议或村民代表会议拥有村规民约的制定权、村民委员会成员的任免权、议事决策权和对村民委员会及其成员的监督权。

（二）村民委员会

根据《中华人民共和国村民委员会组织法》第二条的规定，村民委员会是村民自我管理、自我教育、自我服务的基层群众性自治组织，实行民主选举、民主决策、民主管理、民主监督。可见村民委员会在村民自治的组织体系中处于执行机构的角色，负责办理本村的公共事务和公益事业，调解纠纷，协助维护治安，代表村民向基层政府提出意见建议等。

（三）村务监督机构

村务监督委员会或者其他村务监督机构是在村党组织的领导下，由村民会议或村民代表会议民主推举产生的村民自治监督机构，是村民自治实现自我管理、自我监督的具体体现。其职能在于组织协调村民代表会议依法监督村民委员会执行党的路线、方针、政策和决议以及村经济社会事业发展的情况，具体负责村民民主理财、监督村务公开等事项。

三、运行状态范畴的村民自治

运转状态的村民自治是一个“选举—决策—管理—监督”的动态过程，因此村民自治的核心内容包括民主选举、民主决策、民主管理、民主监督四个方面，此即常说的“四个民主”。因此，全面推进村民自治，也就是全面推进村级民主选举、民主决策、民主管理和民主监督。

（一）民主选举

民主选举是村民自治的前提和基础，也是村民自治的逻辑起点。民主选举是指由具备选举资格的村民按照一定的选举原则和选举程序直接选举产生村民委员会组成成员，任何组织或个人不得指定、委派或撤换村民委员会成员。民主选举遵循公开公正公平、一人一票、无记名投票、秘密写票，差额选举、双过半、公开计票、结果当场公布等基本原则。

（二）民主决策

民主决策是村民自治的核心环节。由村民决定关系切身利益的诸种事项，是实现村民当家作主的精髓所在。在村级事务中，凡涉及村民利益的重要事项，如村庄规划、村集体的土地承包或租赁、集体企业改制、集体资产处置、村干部报酬、村公益事业的经费筹集方案和建设承包方案等，都要保证广大村民参与决策，倾听村民意见并汇集民智，在程序上由村民会议或村民代表会议讨论，按多数人的意见作出决定，保证决策科学民主。民主决策的组织形式主要包括村民大会和村民代表大会等法定形式，也包括家庭代表会议、小范围当事人会议等非法定方式。

（三）民主管理

民主管理是村民自治的重要实现形式。党的十七大报告指出，人民依法直接行使民主权利，管理基层公共事务和公益事业，实行自我管理、自我服务、自我教育、自我监督，是人民当家作主最有效、最广泛的途径。民主管理就是村民依据国家法律、法规和有关政策，结合本村实际情况，由全体村民讨论制定村民自治章程或村规民约，并由村民委员会和村民通过各种方式管理本村事务的活动的统称。可见，民主管理必须以相关管理制度的健全和完善为前提，村务公开是民主管理的重要载体和形式。在管理村级事务的过程中，村民委员会应该积极调动广大农民群众参与村级事务管理的主动、自觉性，切实扩大普通村民参与村级事务管理的范围和内容，并主动创造必要的便利条件，使村民更加主动、便捷地参与到村级事务管理中来，充分实现村民在村级民主管理过程中的主体作用。

（四）民主监督

民主监督是村民自治有效运作的坚实保障。广大村民可以依据法律、法规等规范的具体要求，通过村务公开、民主评议、村干部和村民委员会定期报告工作、村干部离任审计、罢免村民委员会组成成员等监督制度和形式，对村级组织选举、决策、管理的各个环节以及村民委员会及其组成成员进行广泛的监督。民主监督属于村民民主选举、民主决策、民主管理等各项自治权利的深度延伸。唯有完善的监督制度和强有力的监督效果，才能切实维护村民自治权利，保证村级民主选举、民主决策、民主管理的规范实施。

四、价值目标范畴的村民自治

实行村民自治的价值目标和最终目的就是实现广大村民群众的自我管理、自我教育、自我服务。“三个自我”相辅相成、不可分割。自我管理是自我教育的载体，自我教育能够促进自我管理的实现，自我服务增强自我管理的吸引力和凝聚力，为自我管理和自我教育创造条件。

（一）自我管理

自我管理就是村民群众自己组织起来，自己管理自己的事务，自己约束自己的行为，行使当家作主的权利。自我管理不同于政治管理、公共管理、经济管理等管理类型，具有以下几个特点：(1) 管理主体上，管理者和被管理者是相统一的。村民群众既是管理决策者，又是管理执行者，还是管理监督者，更是被管理对象和管理受益者。需要注意的是，自我管理不是村民个体对其他村民的管理，而是村民集体决策、集体管理。(2) 管理方式上，自我管理主要是通过村民会议或者村民代表会议集中全体村民的意见，制定村民自治章程、村规民约和各种规章制度，由全体村民遵守执行，从而形成良好的社会秩序。自我管理主要依靠的是思想动员、说服教育、互帮互助、典型示范以及村民自觉。(3)管理保障上，自我管理依据的是村规民约、村民自治章程和规章制度的制度约束和村内长期以来形成的社会公德、社会伦理、社会舆论等道德约束。(4)管理内容上，自我管理主要针对与村民利益密切相关的公共事务、公益事业，调解、解决村庄内部的各种纠纷，如村集体与村民个人之间、村民与村民之间、村民家庭成员内部之间的纠纷等。

(二) 自我教育

自我教育就是广大村民在开展各种村民自治活动中，采取多种形式，学习党的路线方针政策、国家的法律法规、村规民约、村民自治章程等，提高科学文化素质和思想道德素质，增强法律意识和民主意识，最终促进乡风文明、社会和谐。

(三) 自我服务

自我服务就是通过村民委员会、产业合作社等组织载体，将农民群众组织起来，开展各种生产生活互助合作活动，满足村民的共同需要，增强村庄共同体的吸引力和凝聚力，解决村民生产生活的各种困难和问题。自我服务的“自我”体现在：服务项目根据村民自身需要确定，服务所需资金由村民自己筹集，服务活动需要村民共同筹工筹劳，共同兴办。

第三节　村民自治的重要意义

村民自治实施30多年以来，取得了巨大的成就。首先，村民自治的制度体系基本建立。截至目前，全国绝大多数省、自治区、直辖市都制定了村民委员会组织法实施办法或者指导村民委员会选举的地方性法规，一些省份还制定了村务公开工作条例。二是村民自治的组织建设得到强化。各地按照村民委员会组织法的要求，普遍制定了村民会议或者村民代表会议制度，建立了村务监督委员会等组织。三是村民自治的内容随着农村经济社会发展而逐渐充实，基本实现了村民群众普遍关心的问题在村民自治的范畴内都可以得到有效关注甚至妥善解决。四是村民自治的形式不断丰富。近年来，一些地方发挥农民的首创精神，创造了“村务大事村民公决”“民主议事恳谈会”等办法，有效保障了民主决策。村务公开和民主管理工作也是亮点不断。为加强对村干部的监督，一些地方在实践中探索出设立村务监督机构，把民主监督由理念转化为制度。村民自治30多年的发展对中国农村乃至整个中国社会的发展产生了积极而深远的意义。

一、村民自治增强了农民的主体性，有利于进一步解放和发展农村生产力，有利于进一步调动和激发广大农民建设社会主义新农村的积极性

社会主义的本质就是解放生产力、发展生产力。生产力的解放和发展离不开生产力中最活跃因素——劳动者——积极性的发挥。因此，为促进农村生产力的发展，重要的任务就是调动农民的生产积极性。而农民积极性的调动，既离不开对农民物质利益的切实保障，也离不开对农民主体地位的尊重。以家庭承包经营为基础、统分结合的双层经营体制的最终确立，标志着农村经济体制改革的成功推进，大大改善了长期束缚农村生产力发展的生产关系，农民的生产积极性大为提高，在这一过程中农民物质生活待遇得到切实改善。而村民自治制度的确立和完善，尊重了农民的主体地位。广大农民通过民主选举、民主决策、民主管理和民主监督，真正做到了自我管理、自我教育和自我服务。所有这些必将调动起广大农民建设社会主义新农村的积极性。

二、村民自治为农民提供了政治参与的机会，提高了农民政治参与的能力，促进了社会主义民主政治的向前发展

我国宪法规定，中华人民共和国的一切权力属于人民，人民是国家的主人。村民自治制度的创立源于农民的需要，其创立本身就是农民的首创。事实证明，村民自治是社会主义民主在农村行之有效的实现方式。这

项制度符合我国农村的普遍实际，适应农村生产力发展水平，能够最广泛地动员和组织农民群众管理农村公共事务和经济文化事业，最大限度地保证广大农民在政治经济社会生活中的自治权利，最终维护和实现广大农民群众的根本利益。村民自治有助于培养村民民主意识、公民意识，提高村民的政治参与意识和参与能力，为乡村治理工作提供主体要素。同时，农民对自治程序和环节有了更为深刻的认识，政治参与的能力得到提高。

三、村民自治通过对农村上层建筑的调整，促进了农村经济社会发展

村民自治通过民主选举的过程，使一大批能力强、素质高、愿为老百姓办事的农村政治经济精英进入村民委员会，带领农民谋发展、求进步；通过民主管理的实施，促进村集体加大对农业基础设施和农业生产服务等的投入，带动了农村经济的发展；通过民主监督的强化，有利于加强对土地等集体资产的管理使用，有利于更加有效地维护集体经济组织、村民的合法财产权和其他合法权益。

四、村民自治的良性发展，有利于维护农村稳定，促进社会和谐

村民自治的推行，使乡村社会治理决策更加民主科学，有助于进一步加强和改善党对农村工作的领导，实现党和国家有关政策的直接落实。村民直接参与管理过程，有助于形成对乡村干部的监督和约束，提高基层干部的政治素质和业务素质，同时促进基层干部工作作风的转变。村规民约、村民自治章程的制定和执行，使村民的个体行为得到规范，有助于乡村社会民间矛盾纠纷的减少和消解。村级民主监督的加强，有助于消除干群误解，密切干群关系。

第二章　村民委员会

村民委员会是村民自我管理、自我教育、自我服务的基层群众性自治组织，是村民依法开展自治活动、直接行使自治权利，最终实现自我管理、自我教育、自我服务的组织载体。在了解村民委员会的设立、性质、任务、工作制度的基础上，廓清其与基层党组织、基层政府的相互关系，有助于我们进一步了解村民自治。

第一节　村民委员会的设立

《中华人民共和国村民委员会组织法》第三条规定，村民委员会根据村民居住状况、人口多少，按照便于群众自治，有利于经济发展和社会管理的原则设立。村民委员会的设立、撤销、范围调整，由乡、民族乡、镇的人民政府提出，经村民会议讨论同意，报县级人民政府批准。村民委员会可以根据村民居住状况、集体所有权关系等，分设若干村民小组。这一规定明确了村民委员会设立的基本原则和程序。

一、村民委员会设立的原则

（一）根本原则：便于群众自治

便于群众自治主要是便于村民委员会开展自治活动，便于村民管理村级事务，便于村民行使自治权利。这就涉及村民委员会的规模问题。适度的村民委员会规模，不仅能够促进村民自治的发展，而且能够把直接政治民主扩展到农村经济社会发展各个方面。如果村民委员会覆盖人口和地域过大，村民之间相互了解的机会必然有限，会议召集起来的难度必然加大，村民集体讨论问题、管理村级事务的难度自然加大，那么村民自治的效果就会受到限制。相反，如果村民委员会的设置规模过小，集体发展人财物积聚不够，不利于农村集体经济的发展，同样会限制村民自治的效果。因此，村民委员会的设立规模必须适当，以便于群众自治。

（二）基本依据：居住状况和人口多少

将居住状况和人口多少作为村民委员会设置的基本依据，就是要把区域、人口与村民自治的效果结合起来考虑，最终目标还是要便于群众自治。我国地域宽广、幅员辽阔，各地自然地理条件差异性较大，村民的居住状况因地理环境的影响显著不同，各地经济社会发展又存在不平衡性。因此，设立村民委员会时，必须把区域和人口作为重要依据结合起来考虑。人口较多、居住集中、面积不大的地方，可以单独设立一个村民委员会；人口较多、地域较大的，可以分开设立两个或者两个以上的村民委员会；有一定人口，但居住较为分散、地域面积大的，可以单独设一个村民委员会；地域虽然大，但人口很少的，可以和邻近的自然村落联合成立一个村民委员会。总之，要做到区域与人口都比较适中，以便于自治。

（三）重要参照：历史因素和经济状况

村民委员会的设立还必须参照历史因素、经济状况。参照历史因素就是要考虑历史习惯和村民的意愿。有的村面积虽然不大，但长期以来分片管理，对于这样的村就应当考虑历史习惯和村民意愿，设立两个或者两个以上的村民委员会。有的自然村落虽然地域较大、相互分离，但在历史上就存在着千丝万缕的联系，村民之间彼此非常熟悉，在生产生活中也有许多共同的利益和诉求，在不影响村民自治活动的前提下，就没有必要强行分开。尊重历史传统，保持历史延续性，有利于承继村庄内部长期以来形成的良好风俗，维护和巩固村民之间融洽和睦的相互关系，同时可以避免因人为重组而引起的资产纠纷和情感割裂的情况，保持村庄社会生活的稳定和谐。

村民委员会设立参照经济状况就是要注意当地经济发展状况，使村民委员会的设立与当地经济发展实际相适应，而不能阻碍甚至破坏经济的发展。一般来说，经济社会发展较好的地方，交通、通信等设施往往也比较完善，实行村民自治的条件往往比较优越，村民委员会的规模可以相对大一些。而对于经济社会发展相对滞后的地区，村民委员会的规模就应当放小一些，这在一定程度上可以规避因为交通、通信等基础设施不完善而带来的弊端。对于一些村集体经济很发达并具备相当经济实力的地区，可以适当扩大规模，在尊重群众意愿的基础上，将周边落后村落合并其中，以先进带动后进，共同发展。从现阶段村民委员会设立的实际情况看，村民委员会多数是建立在原来生产大队的基础上，这种设置基本符合我国农村的实际，应该予以保持。

值得一提的是，按照村民委员会组织法的规定，村民委员会可以根据村民居住状况、集体土地所有权关系等分设若干村民小组。与村民委员会不同，村民小组的设立属于村民自治范围内的事情，设立权由村民委员会行使，村民小组的设立、撤销、范围调整无须经过基层政府的批准或备案。村民小组设立依据是村民居住状况和集体土地所有权关系等因素，除此之外还要考虑村庄历史关系、集体财产的归属及经营管理状况、村民生产生活的需求以及社会管理需要等因素。

二、村民委员会设立、撤销、范围调整的程序

村民委员会的设立、撤销、范围调整，直接关系到村民自治效果和村民切身利益，其重要性不言而喻。因此，村民委员会的变动，必须经过严格的程序。根据村民委员会组织法的规定，村民委员会的变动程序如下：

（一）由乡、民族乡、镇的人民政府提出

根据村民委员会组织法的规定，乡、民族乡、镇的人民政府享有村民委员会设立、撤销、范围调整的提出权。乡镇人民政府应该考虑大多数村

民的利益需求和农村经济社会发展实际，对村民委员会设置情况及时予以排查。一般情况下，乡镇人民政府可以先征求大多数村民的意见，由乡镇人民政府按照村民委员会设置的原则进行考察研究后，正式提出调整方案，交村民会议讨论决定。乡镇政府在提出调整方案时，必须列明村民委员会设立、撤销、范围调整的理由或必要性、有关村级集体资产管辖区域划分的具体意见等。

（二）经村民会议讨论同意

乡镇人民政府提出意见后，要经村民会议充分讨论。在讨论过程中，要允许村民充分发表意见，切实尊重村民意愿。对于条件确实成熟的方案，要做好耐心细致的思想工作，摆事实、讲道理，争取村民支持；通过讨论发现方案尚不成熟的，要及时补足，再交由村民讨论；通过群众讨论发现不能获得大多数村民支持的方案，要尊重群众意愿，不可强制村民接受，可以等待条件成熟后再提出。对于村民讨论的情况，村民委员会要及时汇总，并形成书面材料报告乡镇政府，报告中要列明主要意见、不同意见及理由，以便于方案的进一步调整。村民会议是作出调整决定的法定组织形式，其他任何组织或个人无权作出决定，包括村民代表会议。乡镇政府应该尊重村民会议作出的决定，无权改变或者撤销。

（三）报县级人民政府批准

乡镇政府在收到村民委员会的书面报告后，要根据村民委员会讨论的意见，对村民委员会调整方案进行必要的修改完善。村民会议同意调整的，要及时上报县级人民政府批准，方为有效。具体程序如下：

1. 乡镇人民政府提出调整村民委员会的方案；
2. 乡镇人民政府以正式文件报县级人民政府民政部门审核；
3. 县级人民政府民政部门以正式文件报同级人民政府批准；
4. 县级人民政府行文批复；
5. 乡镇人民政府告知村民或村民委员会。

村委会的设立、撤销、调整一定要慎重。一定要进行科学的分析论证，绝不能因为上级组织或者个人的喜好和一些短期利益的驱使，随意撤销和调整村委会，必须按照法定的程序，在充分尊重村民意愿的基础上进行，切忌以言代法，武断行事。

第二节 村民委员会的性质和任务

村民委员会的性质决定了村民委员会的任务，也就是村民委员会的职责和功能。

一、村民委员会的性质

有关村民委员会的性质，《中华人民共和国宪法》第一百一十一条规定："城市和农村按居民居住地区设立的居民委员会或者村民委员会是基层群众性自治组织。"依据这一规定，《中华人民共和国村民委员会组织法》第二条明确规定："村民委员会是村民自我管理、自我教育、自我服务的基层群众性自治组织。"由此可以看出，村民委员会就是农村居民在居住地区范围内设立的基层群众性自治组织。具体说来，包含以下几个方面的含义：

（一）村民委员会是自治组织

从组织体制上，村民委员会具有组织独立性，由村民直接选举产生，其权力来源于村民的授权，受村民委托并代表村民行使自治权，接受村民监督。村民委员会既不是国家机关的下级组织，也不是其派出机构，它与村庄内部的其他经济组织、社会团体等也不存在隶属关系，不存在管理与被管理问题。

在职责权限上，村民委员会负责与本村居民有关的公共事务和公益事业，主要包括经济发展、基础设施建设、社会治安维护、民事纠纷调解等。村民委员会在法律界定的范围内，有协助乡镇人民政府开展工作的义务，也有权向其反映村民的利益诉求。当然，村民委员会根据法律法规的授权或者行政机关的委托，可以办理一定的行政事项，但这不属于村民自治的范畴。

在权力行使方式上，村民委员会作为自治组织的存在，实行民主选举、民主决策、民主管理和民主监督，最终目标是实现自我管理、自我教育、自我服务。这就决定了村民委员会的工作方式主要是说服教育、正面引导、民主协商等，其作出的决定虽然具有一定的约束力，但是不具有强制性。如果村民委员会作出了违背村民意愿的决定，侵犯了村民的合法权益，村民就有权通过法定程序撤销村民委员会的不当决定。

（二）村民委员会是群众组织

村民委员会作为群众组织，主要体现在以下几个方面：

一是村民委员会组成成员具有很强的群众性。村民委员会成员不受基层政府的任命、委派和指定，其来自于本村村民，并由村民直接选举产生。村民委员会代表村民行使自治权利，必须维护村民利益，并向基层政府反映村民的意见、诉求和提出工作建议。

二是村民委员会应当走群众路线。村民委员会开展工作只能通过说服教育、民主协商等方式，而不能强迫、命令。遇到涉及村民利益的重大事项时，村民委员会必须提请村民会议或者村民代表会议讨论决定，不得擅自拍板决定。

三是村民委员会的工作必须坚持村务公开、民主管理，对村民负责，接受村民监督。

（三）村民委员会是基层组织

村民委员会在村级层面设立，不存在上级组织，更不存在地区性或全国性的统一组织，它所办理的公共事务、公益事业仅限于本村范围内，不涉及其他地区。村民委员会根据村民居住状况、人口多少，按照便于群众自治的原则设立，具有基层性的特点。

村民委员会的自治性、基层性和群众性的特点，使其区别于国家机关、工青妇等群众组织以及民族区域自治机关等。

首先，它区别于国家机关。这主要是因为国家机关产生于国家政治生活中，具有强制力并以国家机器作后盾。村民委员会行使自治权的手段主要是村民委员会的决议、村民自治章程、村规民约等，不具有强制力。国家机关有一套从中央到地方严密的组织体系，上下级之间具有领导与被领导或者指导与被指导的关系，村民委员会局限在本村范围内，没有上下级机构的组织体系。

其次，它区别于其他的群众组织。在我国，有许多从事社会活动、承担社会职能的群众性组织，如全国总工会、共产主义青年团、全国妇女联合会、全国青年联合会等。村民委员会作为群众组织，和它们有一定的共同之处，但也有明显的不同之处。比如在设立层级上，村民委员会以村庄为限，而工青妇等社会组织则无此限制；在组成人员上，村民委员会由全体村民选举产生，而工青妇等社会组织则限定为某一部分特殊社会群体组成；在具体职能上，村民委员会负责本村的政治、经济、文化、社会、生态等方方面面的事务，具有全面性，而其他群众组织则具体关注社会生活的某一方面，具有专业性。

最后，它区别于民族自治地方的自治机关。民族自治地方的自治机关属于国家机关，而村民委员会是基层群众性自治组织；民族自治地方的划分侧重于“少数民族聚居”这样的标准，而村民委员会的划分侧重于“便于群众自治”；民族自治地方包括自治县、自治州、自治区三个层次，而村民委员会只有村一级。

二、村民委员会的主要任务

村民委员会作为基层群众性自治组织应当按照生产发展、生活宽裕、乡风文明、村容整洁、管理民主的要求，努力建设社会主义新农村。《中华人民共和国村民委员会组织法》第二条第二款规定：“村民委员会办理本村的公共事务和公益事业，调解民间纠纷，协助维护社会治安，向人民政府反映村民的意见、要求和提出建议。”可见村民委员会的工作任务主要来源于两方面：一是村庄自治体内部的自治事项，也就是组织村民依法管理村庄的公共事务和公益事业，开展自治活动。二是来自村庄自治体外部的基层政府授权或委托的工作事项。根据村民委员会组织法的规定，村民委员会还有协助乡、民族乡、镇的人民政府开展工作的义务。具体说来，主要有以下几方面任务：

（一）发展经济

发展是硬道理，以经济建设为中心是中国共产党在社会主义初级阶段的基本要求。村民委员会作为基层群众性自治组织，理应以经济建设为中心，大力支持和积极组织村民发展生产，促进增收。但是村民委员会的经济发展职能不等于村民委员会大包大揽、直接经营，而是要通过以下途径实现，这包括：

1. 编制并组织实施本村经济和社会发展规划。村民委员会要结合本村实际，制定有利于本村经济全面协调可持续发展的短期、中期、长期发展规划。在制定具体规划时，应该着眼于解决村民生产生活中遇到的最紧迫困难，实事求是、量力而行。

2. 支持和组织村民依法发展各种形式的合作经济和其他经济，促进本村经济发展。农业集约化经营是农业发展的必然趋势，合作经营有助于将农村有限的资源实现整合，提高农民的组织化程度，提高农民应对市场风险的能力。但发展合作经济，必须在遵守市场经济规律和尊重村民意愿的基础上进行，通过适当引导、典型示范，推动各种产业合作社的建立，为农民提供产前、产中、产后的社会化服务。发展合作经济，并不排斥农村私营经济、合伙经济、个体经济以及其他各种经济形式的发展。凡是有利于农业发展、农民增收的经济形式都可以采用。

3. 承担本村生产的服务和协调工作，帮助村民解决产前、产中、产后遇到的各种困难和问题。村民委员会可以直接提供各种生产生活服务，也可以通过建立各种生产生活服务组织为村民提供水、电、劳务等方面的服务。村民委员会要注意协调村庄内部集体经济组织之间、村民之间、村民与集体经济组织之间的相互关系，对生产资料进行统筹安排和协调，保障良好的生产生活秩序。

4. 依法管理本村属于村农民集体所有的土地、河滩、水面、山林、水利设施和其他财产，管理本村财务。《中华人民共和国土地管理法》第十条规定："农民集体所有的土地依法属于村农民集体所有的，由村集体经济组织或者村民委员会经营、管理。"从中可以看出，村民委员会在本村没有集体经济组织的情况下，可以作为发包方，把土地这一农业基本生产资料发包给村民经营。与此类似，属于集体所有的河滩、水面、山林、水利设施和其他财产，在没有村集体经济组织的情况下，都可以由村民委员会代表村民行使管理权。除此之外，村民委员会还应当建立健全单独的财务管理制度，由专人负责，实行财务公开，定期向全体村民公布集体资产收支状况，必要时报乡、民族乡、镇的人民政府备案。

5. 维护以家庭承包经营为基础、统分结合的双层经营体制，尊重集体经济组织依法享有的经营自主权，保障集体经济组织和村民合法的财产权和其他合法权益。村民和集体经济组织都依法享有经营自主权，村民委员会对于家庭承包经营或是集体经济组织经营范围内的事项不应随便干预。村民委员会应该从稳定农村承包关系、提供生产服务、完善基础设施、提高农业现代化水平等角度支持、帮助集体经济组织和农民提高农业技术水平、改进农业生产条件。

（二）组织建设

村民委员会作为村民自治实现的载体，其首要的任务是保障村民自治的正常运转。具体表现在必要时召开村民会议和村民代表会议，组织村民就有关村庄公共事务的重大事项进行深入讨论，形成共识；对村民会议或村民代表会议作出的决定决议要不折不扣地执行；根据需要设人民调解、治安保卫、公共卫生与计划生育等委员会；建立健全各项自治制度，保障村民会议、村民代表会议、村民委员会自身的良性运转；必要时按照村民居住状况、历史习惯设立村民小组，理顺村庄管理关系；自觉接受村民监督，向村民会议或者村民代表会议负责并及时向其报告工作。

（三）精神文明建设

农村地区社会主义精神文明建设的重要任务就是培养有理想、有道德、有文化、有纪律的社会主义新型农民，提高广大农民的思想道德素质和科学文化素质。这就需要村民委员会做好以下工作：

1. 积极宣传贯彻宪法、法律、法规和国家的政策，教育和推动村民履行法律规定的计划生育、义务教育、服兵役、拥军优属、抢险救灾、依法纳税等义务，督促村民遵守村民自治章程和村规民约，提高广大村民的民主意识、权利意识、法律意识。

2. 通过广播、宣传栏、宣传手册等活动载体，或者通过组织文艺活动、模范评比、体育比赛等形式，开展丰富多彩的社会主义精神文明建设活动，普及农村实用科学技术知识，促进男女平等，倡导移风易俗、尊老爱幼、扶贫济困，反对封建迷信，树立夫妻相爱、邻里相亲、家庭和睦、社会和谐的社会主义新农村的道德风尚。

（四）和谐村庄建设

村民委员会要努力加强和谐村庄的建设，构建民主法治、公平正义、诚信友爱、充满活力、安定有序、人与自然和谐相处的社会状态。这就要求村民委员会积极兴办村庄公共事务和公益事业，改进公共服务设施，提升村庄公共服务水平，增进村民幸福感；依法调解农村民间纠纷，促进村民团结和家庭和睦；注意协调村庄内部各方面的利益关系，正确处理村庄内部矛盾，保证村庄内部的公平正义；应当支持服务性、公益性、互助性社会组织依法开展活动，推动农村社区建设；协助人民政府加强治安防范工作，做好社会治安综合治理，排查矛盾隐患、化解矛盾纠纷，构建良好的社会秩序、生产秩序和生活秩序。

（五）生态文明建设

生态文明是社会文明的重要内容，农村、农业的现代化不能以牺牲农民的环境利益为代价。长期以来，由于农村的环境规划远远落后于农村经济社会发展实际，造成农村生产生活污染加大，同时在环境污染治理上缺乏相应的基础设施建设以及配套的投入、管理机制。生态建设的滞后严重损害了农民的切实利益，也不利于农业的可持续发展。农村生态文明建设是个系统工程，村民委员会可以通过兴建小型垃圾回收站、沼气池等环境基础设施，发展生态农业等方式，提高农民的环境意识，积极引导村民合理利用自然资源，保护和改善生态环境。

（六）反映村民意见、要求和提出建议

村民委员会来自于村民，最贴近村民，是群众利益的代言人，可以有效集中村民各方面的意见。而且村民委员会作为村民同人民政府之间联系的纽带和桥梁，向基层政府如实反映情况，代表村民提出利益诉求和工作意见，寻求基层政府的帮助，也是其职责所在。

村民委员会向基层政府反映村民意见、要求和提出建议，有利于基层政府及时发现村民在生产生活中遇到的困难和问题，便于其找准工作对象，拟定适当的工作对策，避免决策失误；有利于加强对基层政府及其工作人员的监督，发现问题、克服缺点，保障基层政权的健康运转。同时，村民委员会代表村民向基层政府反映利益诉求也是广大村民实现政治参与的有效途径，有利于调动广大农民参与国家政治经济生活的积极性，密切党和国家与广大农民的血肉联系。

（七）履行法律、法规规定的其他职责

村民委员会除了履行日常的自治职能外，有时也基于法律、法规的授权或者行政机关的委托承担一些自治事务以外的职能。

三、村民委员会及其成员的基本要求

《中华人民共和国村民委员会组织法》第十条规定：“村民委员会及其成员应当遵守宪法、法律、法规和国家的政策，遵守并组织实施村民自治章程、村规民约，执行村民会议、村民代表会议的决定、决议，办事公道，廉洁奉公，热心为村民服务，接受村民监督。”根据本条规定，村民委员会及其成员应当做到：遵纪守法，办事公道，廉洁奉公，热心为村民服务，接受村民监督。

（一）遵纪守法

村民委员会成员不仅自己要带头学法守法，而且还应当组织村民学法

守法，遵守并组织实施村民自治章程、村规民约。村民委员会作为村民会议和村民代表会议的执行机构和工作机构，必须执行村民会议、村民代表会议的决定、决议，接受村民会议和村民代表会议的监督，向村民会议、村民代表会议负责并报告工作。

（二）办事公道、廉洁奉公

办事公道，就是村民委员会及其成员在办理村民自治事务时要做到合法、合理。合法，就是要符合宪法、法律、法规和国家政策。合理，就是要讲道理，要符合公认的道德标准。廉洁奉公，就是要做到公私分明，不徇私情，不以公谋私，真正以村民的最大利益为一切工作的出发点和归宿。村民委员会要做到办事公道、廉洁奉公，一要正确处理集体利益与个人利益的关系；二要坚持原则，善于做说服教育工作。

（三）热心为村民服务

村委会工作任务繁多，但村民委员会成员的数量、时间以及精力都有限。因此，从事村民委员会工作，必须具备奉献精神。村委会成员热心为村民服务的同时，要有务实的精神，做到一切从本村实际出发，头脑冷静、脚踏实地，不能光凭热情、好高骛远。村委会成员热心为村民服务，还要注意工作方法，做到深入群众，认真了解村民的思想状况和实际需要，还要注意团结群众、依靠群众。

第三节　村民委员会和村党组织的关系

村民委员会和村党组织的关系是村民自治过程中一对极其重要的关系，正确处理两者关系既关系到村民自治的成功实施和村民自治权的完整实现，又关系到党在农村工作中的领导地位的确立和领导作用的发挥。正确把握两者关系既需要从有关的法律、法规、政策、文件中找到政策依据，又要从村民自治的实践中查找问题并妥善解决。

一、村民委员会与村党组织是两类不同性质的组织

根据《中华人民共和国村民委员会组织法》和《中国共产党农村基层组织工作条例》的规定，村民委员会是村民自我管理、自我教育、自我服务的基层群众性自治组织，而村党组织是党在农村的基层组织，是党在农村全部工作和战斗力的基础，是农村各种组织和各项工作的领导核心。因此，村民委员会与村党组织是两类不同性质的组织，具体表现在以下几个方面：

（一）组成形式不同

村民委员会与村党组织的覆盖范围不同。村民委员会具有基层性，它的管辖范围只局限于一村范围之内，既没有上级组织，更没有全国性的组织。而只要有正式党员 3 名以上的村，就应当成立党支部；而且不足 3 名的，还可以与邻近村联合成立党支部。

村民委员会与村党组织的组成成员不同。村民委员会具有群众性，其组成成员来源于普通村民。但是村党组织的组成成员必须是中国共产党党员，而且是村内党员中的优秀分子。村党组织的组成成员由党员大会选举产生，上级组织在必要时可以指派非本村的党员担任村党组织的组成成员。

（二）职能不同

村民委员会工作职能主要是管理村庄自治体内部自治事项，也就是组织村民依法管理村庄的公共事务和公益事业，开展自治活动。而村党组织的主要职责包括：贯彻执行党的路线、方针、政策和上级党组织及本村党员大会的决议；讨论决定本村经济建设和社会发展中的重要问题；领导和推进村级民主选举、民主决策、民主管理、民主监督，支持和保障村民依法开展自治活动；领导村民委员会、村集体经济组织和共青团、妇代会、民兵等群众组织，支持和保证这些组织依照国家法律、法规及各自章程充分行使职权；搞好自身建设，对党员进行教育、管理和监督；负责对要求

入党的积极分子进行教育和培养，做好发展党员工作；负责村、组干部和村办企业管理人员的教育管理和监督；搞好本村的社会主义精神文明建设和社会治安、计划生育工作等。

（三）定位不同

村民委员会是广大村民实现自治权利的组织载体，而村党组织在村民自治中发挥领导核心作用。村党组织在村民自治中主要负责宏观方向的把握，处于领导核心的地位。村党组织重点负责党的路线、方针、政策的贯彻执行、上级组织的工作部署落实、本村的经济社会发展进行全面的规划部署，对关系到村民利益的重大问题拟定决策意见，以及对党员干部（包括村民委员会组成成员）进行管理、教育和监督等。

另外，村民委员会具有自治性，只要属于法律、法规规定自治范围内的事情，村民委员会都有管辖权和决定权，不受任何其他组织和个人的干涉。而村党组织不具有自治性，其必须接受上级组织的领导，必须坚持下级服从上级的组织纪律。

二、正确处理村民委员会与村党组织的关系

（一）坚持三项原则

1. 坚持党的领导是根本要求。要充分发挥党组织对村内各项工作的领导作用。在村民自治过程中，凡是涉及党的路线、方针、政策的贯彻执行问题，涉及全体村民的生产生活的重大复杂问题，村党组织都要集体讨论，集思广益，拟定意见，再由村民委员会提交村民会议或者村民代表会议讨论通过。村党组织应该通过村民委员会的工作把党的路线、方针、政策变为群众的自觉行动，协调村民委员会同其他组织的关系，而非大包大揽、包办代办。

2. 遵守宪法和法律是最高行为准则。村党组织要依照宪法和法律的规定，支持和保障村民开展民主选举、民主决策、民主管理、民主监督，直接行使自治权利。具体来说，就是要切实保障村民的选举和被选举为村民

委员会成员的权利，尊重村民的人事选择，不得随意撤换村民委员会成员，做村庄政治生活的“稳定剂”；支持村民会议或者村民代表会议进行民主决策、民主管理，维护村民会议或者村民代表会议的权威；积极推动村务公开和民主管理工作，支持和组织村民开展广泛而深入的民主监督，帮助完善民主理财等各种监督制度；支持村民委员会开展工作，对属于村民自治范围内的事项，由村民委员会自主决定；同破坏村民委员会合法自治活动的行为作斗争，维护村民的自治权利，保障村民自治利益。

3. 积极发挥村党组织在村民自治中的作用。要发挥党组织在村民自治中的战斗堡垒作用和支持保障作用。对涉及村民利益的重大事项要按照先党内后党外的原则，讨论决定。对村民会议或村民代表会议作出的决议、决定，要充分发挥党员干部的模范带头作用，自觉维护和遵守村民会议和村民代表会议的权威，并保障执行效果。支持和保障村民委员会依法独立开展工作，行使职权。村党组织要积极探索和改进领导方法和工作作风，遇到重大事项要积极与村民、村民委员会沟通，倾听多方意见，科学决策、民主决策。

（二）反对三种倾向

在认识和处理村民委员会和村党组织的关系上，要注意克服几种错误倾向：

一是认为村民委员会依照宪法法律享有法定职权、开展自治工作，村党组织无权过问，因此排斥甚至反对党在村民自治中的领导作用。这种认识具有极端性，它错误地把基层民主组织引向了极端自由主义和无政府主义，必须高度警惕。中国共产党是我们社会主义建设的领导核心，村民委员会也必须在村党组织的领导下开展工作，这是我们在处理“两委”关系中必须始终坚持的一条根本原则。

二是认为村党组织是党员的组织，和普通村民没有关系，党组织的作用主要就是搞好党建工作，对于村民自治范围内的事情无权管辖。这种观点实际上是在虚化党组织的领导作用。党组织是村庄内部各种组织和各项工作的领导核心和坚实保障，没有党组织和党员干部的先锋模范作用的发挥，村庄内部的许多工作难以开展，村民自治的效果就会大打折扣。

三是认为坚持党组织在村民自治中的领导作用，就是村民自治的所有事项，无论大小，都应该由村党组织负责具体办理。这种观点实际上忽视和否定了村民委员会在村民自治中承担的组织载体作用，实际上还是在搞以党代政、党政不分，把党对村民自治工作的领导，理解为党组织包办代替村民委员会的工作。

第四节　村民委员会和乡镇政府的关系

从法律层面上讲，村民委员会是基层群众性自治组织，乡镇人民政府属于最低一级的国家行政机关，两者在性质和职能上存在较大差距。

一、厘清村民委员会和乡镇政府的性质、职能

弄清楚村民委员会与乡镇政府的性质和职能是正确处理两者关系的基本前提。

乡镇政府属于国家行政机关的一部分，具有行政管理的基本职能。根据《中华人民共和国地方各级人大和地方人民政府组织法》第六十一条的规定，乡、民族乡、镇的人民政府行使下列职权：执行本级人民代表大会的决议和上级国家行政机关的决定和命令，发布决定和命令；执行本行政区域内的经济和社会发展计划、预算，管理本行政区域内的经济、教育、科学、文化、卫生、体育事业和财政、民政、公安、司法行政、计划生育等行政工作；保护社会主义的全民所有的财产和劳动群众集体所有的财产，保护公民私人所有的合法财产，维护社会秩序，保障公民的人身权利、民主权利和其他权利；保护各种经济组织的合法权益；保障少数民族的权利和尊重少数民族的风俗习惯；保障宪法和法律赋予妇女的男女平等、同工同酬和婚姻自由等各项权利；办理上级人民政府交办的其他事项。

村民委员会是村民自我管理、自我教育、自我服务的基层群众性自治组织。这就决定了村民委员会既不是一级国家政权组织，也不是基层人民政府的派出机构或内设机构。村民委员会的职能主要是处理与村民自治密切相关的事项，搞好村庄公共服务和公益事业。当然，其在法律、法规有明确授权的前提下，也可以接受行政机关的委托，承担一部分行政职能。

二、正确处理村民委员会和乡镇政府的关系

（一）乡镇政府与村民委员会是指导与被指导的关系

乡镇政府对村民委员会的工作应当给予指导、支持和帮助，主要体现在：(1) 政策指导，即保证村民委员会作出的各项决议、决定及工作符合党和国家的大政方针和法律、法规的规定；(2) 组织指导，即指导和帮助村民委员会搞好组织建设，指导每三年一次的村民委员会换届选举工作，培训村民委员会组成成员；(3) 工作指导，即指导村民委员会正确履行村民自治职能，依法办理村庄公共事务和公益事业，保障村民自治权利和各项利益。

乡镇政府可以通过下列方式对村民委员会的工作进行指导、支持和帮助：宣传法律、法规和规章，指导村民委员会依法开展工作，促进村庄经济和各项事业的发展；听取村民委员会对乡、民族乡、镇人民政府工作的意见，帮助村民委员会解决工作中遇到的困难；培训村民委员会的成员；定期审计村级财务；法律、法规和规章规定应该予以指导、支持和帮助的其他事项。基层政府对村民委员会的工作进行行政指导，既是乡镇政府的职权，又是乡镇政府的职责。乡镇政府在村民自治上不能缺位，无所作为；同时，村民委员会也有义务接受乡镇政府的指导、支持和帮助，不能拒绝基层政府合法的行政指导行为。

（二）乡镇政府不得干预依法属于村民自治范围内的事项

村民委员会是基层群众性自治组织，这就决定了凡依法属于自治范围

内的事项，都应当由村民自己讨论决定，乡镇政府不得干预。这就要求乡镇政府必须坚持依法行政原则，凡是法律、法规没有明确规定由政府行使的职权，政府都不能越权办理；凡是村民委员会组织法明确规定属于村庄自治范围内的事项，乡镇政府都无权干预。

乡镇政府无权任命和撤换村民委员会组成成员，不得随意改变和撤销村民委员会依法作出的决定，不可以命令村民委员会办理行政工作，更不能将村民自治范围内的事情纳入自己的管辖范围，越俎代庖。

（三）村民委员会应当协助乡镇政府开展工作

村民委员会是基层群众性自治组织，不是行政机关的派出机关或者工作机构。因此，村民委员会不能代替基层政府行使职权，无权办理行政事务。但是村民委员会有协助政府工作的义务，主要体现在协助乡镇政府宣传党的方针、政策和国家宪法、法律、法规等，保障国家大政方针在村庄范围内得到不折不扣的传达和贯彻；协助完成乡镇政府及其工作部门有关土地管理、医疗卫生、社会保障、优抚安置、计划生育、民事调解等工作事项；向乡镇政府及时反映村民的意见、要求和建议，帮助乡镇政府改进工作，提高服务水平；接受乡镇政府委托办理有关行政事务等。

第五节　村民委员会的工作制度

《中华人民共和国村民委员会组织法》第二十九条规定：“村民委员会应当实行少数服从多数的民主决策机制和公开透明的工作原则，建立健全各种工作制度。”建立健全村民委员会的各项工作制度并切实执行是保障村民委员会自身健康运转并有效发挥自治功能的必要条件，也是实现对村民委员会成员民主监督的可靠依据。

一、学习制度

为增进村民委员会及其成员对国家各项政策、决定的理解与掌握，增强班子成员间的交流，提高村民委员会成员的工作水平和办事能力，有必要在村民委员会中实行定期学习制度。学习的主要参加人员是村民委员会成员，也可吸纳村集体经济组织负责人、村民小组组长、村民代表参加。学习的主要内容包括：党的各项路线、方针、政策、党纪党规及重大理论、决定，国家的相关法律及重大政策；省、市、县颁布实施的法律、法规及专项性政策、指示；县乡两级下发的政策文件及部署的专项性工作；上级的紧急指示及重大应急任务；其他各类科学文化知识学习。学习形式可以多样化，既可以集中学习，又可以分散学习；既可以采取会议传达的形式，又可以采取集体讨论、自由发言的形式；还可以使用远程教育的方式，收听收看上级会议、专家讲座等，无论采取哪种形式，都要注意学习效果、避免搞形式主义。学习时间可以结合农村实际选择定期、不定期地举行。但要注意学习纪律要求，每次学习都要有台账记录，参加人员的学习效果要纳入年终干部考核中。学习时必须充分发扬民主，支持、鼓励与会同志充分发表个人意见。

二、会议制度

村民委员会的会议形式主要有以下几种：

1. 例会。村民委员会例会由村民委员会主任负责召集主持、村民委员会全体成员参加。村民委员会主任不在的，由副主任召集主持，一般结合工作需要定期、不定期地举行。会议内容主要是通报前一阶段工作执行情况、对下一阶段工作情况进行分工部署。

2. “两委”联席会议。联席会议的组成成员一般为村党组织、村民委员会成员，必要时可扩大到村集体经济组织负责人、村民小组长。会议由村党组织书记召集主持。联席会议实行定期例会或者可根据工作需要召开。联席会议内容一般是贯彻落实上级党委、政府布置的工作任务及完成任务的办法措施；制定本村新农村建设的目标、规划和措施；讨论涉及村民利益的重大事项；审批、审定财务预决算等。

3. 村民小组长会议。村民小组长会议主要由村民委员会主任或者副主任召集主持，由村民委员会成员和村民小组长参加。会议可以定期或者根据工作需要召开。会议主要讨论落实上级政府、村民委员会、村民会议或者村民代表会议部署执行的各项工作任务、决定、决议等。村民小组长会议也是收集群众意见的一种有效形式。

三、财务制度

村民委员会实行财务专人负责制，应该设置两名成员分别担任会计、出纳，村民委员会主任不得兼任出纳。担任村级财务管理的人员必须具备较好的思想道德素质，具备必要的财务管理知识，能够切实履行财务管理职责，保证严格执行财务制度，真正做到让村民放心。

村民委员会的财务活动必须接受村民监督。村民会议或者村民代表会议推选产生村财务监督小组。财务监督小组由三至七名村民组成。本届村民委员会的成员及其直系亲属不得担任财务监督小组的成员。财务监督小组对村民会议和村民代表会议负责。财务监督小组对村民委员会的财务收支活动进行监督。村民委员会应当将财务收支凭据定期提交财务监督小组审核。违反财务管理制度的支出，不得列入村财务开支。村民委员会和财务监督小组对财务开支有不同意见时，由村民会议或者村民代表会议决定。

村民委员会实行财务公开。村级财务应当按规定的公开内容进行逐项逐笔公开，特殊项目实行专项公开。村级财务至少每季度公开一次；财务往来较多的，收支情况应当每月公开一次，具体公开时间由所在地县级以上农村经营管理部门统一确定。涉及集体经济组织及其成员利益的重大事项应当随时公开。村级财务公开应当设置固定的公开栏进行财务公开，也可以通过广播、网络、“明白纸”、会议、电子触摸屏等形式进行辅助公开。村级财务公开内容必须真实可靠。村级财务公开后，主要负责人应当及时安排专门时间，解答群众提出的质疑和问题，听取群众的意见和建议。对群众反映的问题要及时答复解决，一时难以答复解决的，要作出解释。

四、印章制度

村民委员会公章一律由乡镇人民政府负责制发。村民委员会的公章需村民委员会指定专人保管，如有遗失要及时向制发机关报告并申请补发，由制发机关登记后办理补发。

公章的使用范围主要包括：村民委员会拟定的各种责任状、报表，各类请示、申请、报告、合同（协议）文书，村民建房申请、民政救助要求等，上级政府部门、机关单位、村外单位及企业和个人须使用村民委员会印章的各种文书、报表、证明材料等。

印章保管人使用印章时，须逐一认真登记用印时间、用印事由、审批人、并签注用印人姓名；印章保管人应不徇私情、坚持原则、不得利用公章图谋私利；印章保管人私自用印，出于个人目的，尚未造成集体损失和不良后果的，视情形给予批评、教育；造成集体损失和不良后果的，印章保管人应承担由此造成的全部责任；私用印章触犯国家法律、法规的将依法追究法律责任。

五、档案制度

《中华人民共和国村民委员会组织法》第三十四条规定：“村民委员会和村务监督机构应当建立村务档案。”这就要求在村民委员会的日常管理中建立健全档案管制制度。2012 年 9 月，中纪委、中组部、民政部等十二部委印发《关于进一步加强村级民主监督工作的意见》再次强调：“村务档案是村民行使民主监督权利的重要查证依据。村党组织、村民委员会、村务监督机构和村集体经济组织应当建立健全村务档案，及时对工作中形成的对国家、社会和村民具有保存价值的文字、图表、声像、电子等各种资料进行整理归档并统一保存。村务档案归全体村民共同所有，任何组织和个人不得据为己有或者擅自更改、销毁。村务档案由专人负责归档、保管和使用管理。村应当设立专门的档案柜，有条件的村应当建立综合档案室，并逐步实现档案管理的现代化。不具备档案保管条件的，可以将档案交由乡镇档案机构代为保管。”

村务档案应该符合真实、准确、完整、规范的要求。真实是指档案应该实事求是，如实反映村民自治的客观事实，档案信息内容完整、真实可靠，不能够弄虚作假。准确是指村务档案的内容要确实可靠、核实准确，要尊重客观实际、言之有据，才能够防止以偏概全。完整有两个方面的含义：一方面，要保证档案的齐全，不使应该集中保存的档案残缺短少；另一方面，从系统性方面要维护村务档案的有机联系，不能人为地割裂分散，或者零乱堆放。规范是指村务档案在时间、内容与形式等方面应当符合有关的制度要求。

六、岗位责任制

岗位责任制要求村民委员会对各项工作有明确的分工，细化工作任务，责任落实到人。

一般而言，村民委员会主任主要负责以下工作：在村党组织领导下，主持村民委员会全面工作；组织村民委员会全体成员认真学习贯彻执行党和国家的现行政策、法律、法规；主持村民会议、村民代表会议和村民委员会会议，讨论重大问题及制订年、季、月度工作计划和完成工作措施；组织村民委员会成员和各工作委员会实施村民委员会议决议和村民公约；对村民委员会工作进行总结检查并负责向村民委员会议报告工作情况；组织村民委员会对村民开展各种形式的合作经济和其他经济发展；带头遵守、严格执行村民自治章程、村规民约和计划生育政策；及时调解民事纠纷，解决群众的难点、热点问题；深入实际，调查本村经济发展的状况，带领村民发展好有本村特色的致富产业，使农、林、牧各业快速发展；召集村民组长听取和认真研究村民的意见、要求和建议并及时向乡镇政府反映；完成上级组织交办的其他工作任务。

村民委员会副主任主要负责以下工作：协助村民委员会主任开展工作；按照分工负责治安工作、妇女工作、民事调解等某一方面或者某几方面工作；主任不在时，主持村民委员会的日常工作；参加或者主持村民委员会召集的各种会议；执行村民委员会的各项决定；维护村民合法权益。

村民委员会成员主要负责以下工作：协助村民委员会主任、副主任开展工作；按照分工负责治安工作、妇女工作、民事调解等某一方面工作；参加村民委员会召集的各种会议；执行村民委员会的各项决定；自觉维护村民合法权益。

七、廉洁制度

2011年，中共中央办公厅、国务院办公厅联合印发了《农村基层干部廉洁履行职责若干规定（试行）》，对村民委员会成员廉洁履行职责行为进行了明确规范，对违反规定的，明确了具体的处理办法。具体说来，村民委员会及其成员应该坚持民主选举的基本要求，禁止拉票贿选、破坏选举；在村庄决策中，要坚持依法决策、民主决策、科学决策，禁止在村级事务决策中独断专行、以权谋私；在村庄管理中，要坚决维护村民利益，禁止在村级事务管理中滥用职权、损公肥私；在村级监督中，不得弄虚作假、逃避监督。根据上述规定要求，村民委员会应当完善村规民约，建立廉政承诺制度，健全监督制约机制，注重从制度上保障村民委员会廉政建设的成功实现。同时村民委员会及其成员应当通过召开民主生活会、年度述职述廉和民主评议等形式自觉接受党员和村民的监督。除此之外，还应健全村务监督机构，充分保障村务监督机构依法履行监督职责，保障监督实效。

八、群众来访接待制度

在村民委员会的工作过程中，村民通过电话、来访等形式对村民委员会及其成员提出意见建议是村民实现自治权利和民主监督的常见形式。因此，村民委员会在日常工作中，应该做好值班工作，保证群众来访有人接待，有人处理。对村民提出的信访事项，值班人员都要认真听取，热情接待，并做好记录。对本村依法应当或者有权办理的事项，应当直接办理，不能“踢皮球”，做到矛盾不上移，尽可能做到纠纷解决不出村；对依法应当由乡镇政府或上级部门作出处理决定的事项，应当做到不敷衍、不掩盖、不激化，及时报送上级机关处理。直接办理的事项应当及时办理完毕并将办理结果答复来访群众；情况复杂的，要说明理由。对基层政府等批转交办的信访事项，应当按照法定时限及时办理，不能按期办结的，应当说明情况。

第三章　民主选举

村民委员会的选举是村民自治的重要内容，是村民进行民主决策、民主管理、民主监督的前提和基础。经过不断实践，村民委员会的选举已经形成了独具特色的制度和程序。了解和掌握这些制度和程序，对于进一步搞好村民委员会选举有着重要的意义。

第一节　村级民主选举概述

一、民主选举在村民自治中的意义

村民委员会的选举是我国社会主义民主在农村最广泛、最直接的实践形式之一。当前，我国农村社会结构快速变动，农村的社会利益格局和农民的思想观念已经发生深刻变化。这就需要我们不断适应农村发展的新形势、新变化，不断加强和改进村民委员会选举工作，进一步完善选举各项程序。可以说，不断改进村民委员会的选举工作，做好选举每一个环节，有利于充分发扬基层民主，保障广大村民当家作主、依法直接行使法律赋予的民主权利；有利于为后续的民主决策、民主管理和民主监督等环节打下坚实的基础，进一步推动村民自治的发展；有利于进一步密切党群、干群关系，维护乡村社会和谐稳定；有利于调动广大农民群众建设社会主义新农村的积极性、主动性和创造性，推动农村全面建成小康社会的历史进程。

二、民主选举的基本原则

《中华人民共和国宪法》第三十四条规定："中华人民共和国年满十八周岁的公民，不分民族、种族、性别、职业、家庭出身、宗教信仰、教育程度、财产状况、居住期限，都有选举权和被选举权；但是依照法律被剥夺政治权利的人除外。"《中华人民共和国村民委员会组织法》第十一条规定："村民委员会主任、副主任和委员，由村民直接选举产生。任何组织或者个人不得指定、委派或者撤换村民委员会成员。"

根据宪法和村民委员会组织法的上述规定，村民委员会选举的基本原则主要有：普遍、平等、直接、差额、竞争和秘密投票六项原则。

（一）普遍选举权原则

普遍选举权原则，又称"普选权"原则，这是针对选民的主体范围而言的。《中华人民共和国村民委员会组织法》第十三条规定："年满十八周岁的村民，不分民族、种族、性别、职业、家庭出身、宗教信仰、教育程度、财产状况、居住期限，都有选举权和被选举权；但是，依照法律被剥夺政治权利的人除外。"可见，凡达到法定年龄、法律无限制规定的村民，即年满十八岁、未被依法剥夺政治权利的村民，均享有选举权和被选举权，不受其他因素的限制。

（二）平等选举权原则

这一原则是针对选民的权利效力而言的。根据"法律面前人人平等"的宪法原则，每个选民在每次选举中只能在一个地方享有一个投票权，不承认也不允许任何选民因民族、种族、职业、财产状况、家庭出身、居住期限的不同而在选举中享有特权，更不允许非法限制或者歧视任何选民对选举权的行使。因此凡被确认为选民的村民在平等的基础上参加选举，不允许任何人享有特权，即所有选民在一次选举中只能投一张选票、一人一票，而且所有选票的效力完全相等。在村民委员会换届选举中，每次选举所投的票数，等于或少于投票人数的选举有效，多于投票人数的无效。每一选票所选的人数，少于或等于应选名额的方为有效，多于规定应选名额的无效。

（三）直接选举原则

直接选举是相对于间接选举而言。《中华人民共和国村民委员会组织法》第十一条明确规定："村民委员会主任、副主任和委员，由村民直接选举产生。"直接选举，是指享有选举权利的村民，直接投票选举村民委员会主任、副主任和委员。在实践中，为贯彻这一原则，必须坚决纠正由村民以户为单位选举村民委员会组成成员或者由村民代表选举产生村委员成员，或者先选村民委员会委员后在委员中实行分工等错误做法。以上做法，实际上剥夺了一部分村民的选举权，是对村民自治的破坏，应该坚决反对。

在以往的村民委员会选举中，选举不民主的情况时有发生，有些地方不经选举而直接指定、任命村民委员会成员；随意撤换村民委员会成员，严重挫伤了村民参加选举的积极性。《中华人民共和国村民委员会组织法》第十一条规定："任何组织或者个人不得指定、委派或者撤换村民委员会成员。"这也就是说：村党组织、乡镇党委、人大、政府和其他政府机关都无权任命、指定或委派村民委员会组成人员，更不得随意撤换。凡是采取上述做法的，都是违背法律的，一律无效，应当予以纠正。

直接选举原则，还包括直接提名候选人。《中华人民共和国村民委员会组织法》第十五条规定："选举村民委员会，由本村登记参加选举的村民直接提名候选人。"也就是说，只有经过登记参加选举的本村有选举权的村民才能提名候选人，其他任何机关、团体和个人都无权提名村民委员会成员候选人。村民直接提名候选人可以有两种方式：一是村民个人提名候选人；二是村民联合提名。由村民个人提名候选人，俗称"海选"，由吉林省梨树县率先实行。所谓"海选"，就是由每个村民完全凭自己意愿采用投票的方式提出候选人，以得票多的作为正式候选人，然后进行正式投票，选出村民委员会成员。由村民联名提出候选人，即由村民采用联合署名的方式提出共同候选人。村民提出的候选人过多时，可采用预选的方式确定正式候选人。所谓预选，就是将所有候选人都列入预选名单，由村民进行无记名投票，然后以得票多的为正式候选人，再正式投票选举。经过预选确定的正式候选人必须多于应选人数，实行差额选举。

（四）差额选举原则

差额选举是相对等额选举而言的，是指村民委员会组成人员候选人的名额多于应选人名额的选举。《中华人民共和国村民委员会组织法》第十五条明确规定："候选人的名额应当多于应选名额。"这就是说，由村民提名产生村民委员会成员候选人后，在正式选举中都应实行差额选举。这一规定可以使村民在选举中对候选人进行比较，选出他们最为满意的人，保证村民充分行使民主权利。这里应当注意的一个问题是，对村民委员会主任、副主任和委员的候选人，都应当分别规定差额数。举例来说，如果选举村民委员会成员七人，主任、副主任各一人，委员五人，那么主任和副主任的候选人应分别为两人以上，委员的候选人应为六人以上，对村民委员会主任、副主任和委员的候选人只笼统规定一个差额数的方法是违反法律规定的。

（五）竞争选举原则

所谓竞争选举，是指候选人或竞选人之间为了争取村民信任而主动采取的自我宣传、自我表现、主动承诺和相互竞争的活动。《中华人民共和国村民委员会组织法》第十五条规定："村民选举委员会应当组织候选人与村民见面，由候选人介绍履行职责的设想，回答村民提出的问题。"这条规定就是对竞争选举原则的规定。为了保证村民的民主选举权利落到实处，加深村民对候选人的了解，增强选举工作的透明度，村民选举委员会应当组织候选人与村民见面。候选人可以通过发表竞选演说等方式向村民介绍自己的基本情况以及履行职责的设想，并当场回答村民提出的各种问题。通过见面，候选人与村民面对面地进行交流，候选人彼此之间也可以以此方式进行正当竞争，有利于村民挑选更合适的村民委员会成员人选。

（六）秘密投票原则

秘密投票指的就是无记名投票，在这种情况下，选民的投票指向只有自己知道。无记名投票的方式可以免除选民的思想顾虑，把自己的真实选择表达出来。《中华人民共和国村民委员会组织法》第十五条第三款规定："选举实行无记名投票、公开计票的方法，选举结果应当当场公布。选举时，应当设立秘密写票处。"可见，村民委员会选举应采取无记名投票的方式，而不能采取其他方式，如举手表决的方式，以保证村民充分行使选举的权利。村民在填写选票时，可作出四种选择：一是可以投赞成票，但赞成的人数不能超过应选名额，否则无效；二是可以投反对票，选举人对选票上所列候选人可以部分反对，也可以全部反对；三是可以另选他人，选举人可以对全部候选人不同意而另选他人，也可以对部分候选人不同意而另选他人；四是可以弃权，选举人可以对全部候选人弃权，也可以对部分候选人弃权。

但是秘密投票并不意味着投票过程全程秘密进行，投票结束后，应当进行公开计票。公开计票，也就是计票的过程应是公开的，而不是秘密的，这样才能保证结果的真实性。

三、民主选举的保障

为了保障村民自由、充分地行使选举权和被选举权，按照自己的意愿进行投票，不受他人干扰和支配，保证村民委员会选举工作的正常进行，对于破坏村民委员会选举的行为必须进行处理。《中华人民共和国村民委员会组织法》第十七条规定："以暴力、威胁、欺骗、贿赂、伪造选票、虚报选举票数等不正当手段当选村民委员会成员的，当选无效。对以暴力、威胁、欺骗、贿赂、伪造选票、虚报选举票数等不正当手段，妨害村民行使选举权、被选举权，破坏村民委员会选举的行为，村民有权向乡、民族乡、镇的人民代表大会和人民政府或者县级人民代表大会常务委员会和人民政府及其有关主管部门举报，由乡级或县级人民政府负责调查并依法处理。"此条规定实际上，就是对民主选举过程的保障性规定。

（一）破坏选举行为的认定

在村民委员会选举中，使用暴力、威胁、欺骗、贿赂、伪造选票、虚报选举票数等不正当手段，属于破坏村民委员会选举的行为。"暴力"是指行为人对村民、候选人以及选举工作人员采取殴打、捆绑、残害、强行限制人身自由等人身伤害的手段或者捣乱选举场所、砸毁选举设施进行破坏的行为。“威胁”是指以杀害、伤害、毁坏财产、揭露隐私、破坏名誉或者使其受到其他损害等手段进行要挟，使得村民不能按照自己的意愿进行投票的行为。“欺骗”是指虚构事实，散布、扩散各种谣言或隐瞒事实真相，以混淆视听进行干扰破坏的行为。“贿赂”是指利用金钱、财物或者其他物质利益诱使或收买村民、候选人或有关选举工作人员，以使村民违反自己的真实意愿参加选举或在选举工作中进行舞弊活动的行为。“伪造选票”是指假冒选举主持机关的名义，制造选票，使多数村民投票选举的候选人无法当选，扰乱选举正常进行的行为。“虚报选举票数”是指对村民的投票总数、赞成票数、反对票数、弃权票数等进行以少报多或以多报少的虚假报告从而对选举进行破坏的行为。除了所列情形外，对于采取其他手段，如以撕毁选民名单、对与自己不同意见的村民进行打击报复、故意扰乱选举秩序、变更或者伪造选举结果等行为，妨害村民自由行使选举权和被选举权的，同样属于破坏选举的行为，应受到相应制裁。

发生破坏选举行为的主体，既可能是参加选举的村民，也可能是候选人、选举工作人员或者其他人，还可能是指导村民委员会选举的国家工作人员。无论是什么人，只要破坏选举，都应该依法承担责任。

值得注意的是，在选举实践中，如何区分合法竞选与贿选行为。认定一项竞选行为是否构成贿选，首先，要看该竞选行为是否在形式上存在物质利益与村民选举权利的交换。如果不存在利益与权利的交换，通常就是合法的竞选行为。其次，如果该竞选行为形式上存在利益与权利的交换，那么要看该行为指向的对象是特定的还是不特定的。如果该竞选行为指向的对象是不特定的，如向五保对象发放抚慰金、资助村里学生上学、个人出资修路建桥，那么一般不宜认定为贿选行为；如果该竞选行为指定的对象是特定的，如直接上门送钱送物、现场向投自己票的村民发钱发物等，那么一般应当认定为贿选行为。2009 年 4 月，中共中央办公厅、国务院办公厅印发了《关于加强和改进村民委员会选举工作的通知》，明确在村民委员会选举的过程中，候选人及其亲友直接或指使他人用财物或者其他利益收买本村选民、选举工作人员或者其他候选人，影响或左右选民意愿的，都是贿选。该通知还指出："要引导候选人着力围绕发展经济、完善管理、改进服务提出方案和措施，防止出现为当选进行个人捐助村内公益事业财物比拼加码的现象。对候选人承诺捐助村集体的资金或物资，不应由候选人在选举前或选举后私自决定分配方案，而应交由依法选举产生的村民委员会组织召开村民会议或村民代表会议民主讨论决定。"

（二）村民、县乡政府在保障民主选举过程中的权利或职权

对于以上述形式妨害村民行使选举权、被选举权，破坏村民委员会选举的，村民有权向乡、民族乡、镇的人民代表大会和人民政府或者县级人民代表大会常务委员会和人民政府及其有关主管部门举报，由乡级或县级人民政府负责调查并依法处理。也就是说，村民可向下列部门的其中一个或几个举报：（1）乡镇人民代表大会和人民政府；（2）县级人大常委会和人民政府；（3）县级人民政府的有关主管部门，如主管基层政权和社区建设的民政部门、主管社会治安的公安部门等。

但是具体的调查处理主体不宜过多，否则可能会造成职责不明、增加不确定性因素，因此村民委员会组织法规定了两个调查处理主体，即县、乡两级人民政府。根据地方组织法的规定，各级人民政府负有"保障公民的人身权利、民主权利和其他权利的职责"。明确乡级人民政府和县级人民政府的调查处理权，将更有利于对破坏选举行为的处理和对村民选举权利的保障与救济。因此，村民根据村民委员会组织法的规定，无论是向乡、民族乡、镇的人民代表大会和人民政府或者县级人民代表大会常务委员会和人民政府及其有关主管部门的哪一个举报，该机关均应受理，并由乡级或者县级人民政府负责调查并依法处理。

（三）对破坏选举行为的处理

乡级或县级人民政府接到举报后，应当对举报的事实进行调查，针对情况作出认定并依法作出处理。调查处理应当遵循及时、合法、公正等原则，不能够久拖不决，否则应追究相应机关的法律责任。对于情节轻微

的，应当对有破坏村民委员会选举行为的人员进行批评教育。对于以违法手段参选的，一经发现即取消其参选资格，已经当选的，其当选无效；扰乱公共秩序、违反治安管理规定的，应当建议公安部门依法给予其治安管理处罚；构成犯罪的，应当移交司法部门，依法追究刑事责任。村民选举委员会成员在村民委员会选举中有违法违纪行为的，要及时终止其资格。对伪造选举文件、篡改选举结果或者以威胁、贿赂、欺骗等手段，妨害村民依法行使选举权、被选举权的农村党员干部，要给予撤销党内职务、留党察看或者开除党籍处分。农村党员和国家公务员有参与或者怂恿村民委员会选举中违法违纪行为的，要分别给予党纪或者政纪处分。对假借选举之名，打着宗教旗号从事非法活动、民族分裂活动和刑事犯罪活动的，要坚决依法予以打击。乡级或县级人民政府经过调查，确认有关人员使用法律规定的不正当手段当选村民委员会成员的，当选无效。对于空缺的村民委员会成员的名额，可以再次举行选举。

第二节 民主选举程序

村民委员会的选举程序是指村民委员会组织法和各地选举办法规定的有关村民委员会选举的一系列法定规则、时限、顺序等。村民委员会选举包括准备阶段、实施阶段、总结阶段三个阶段，具体包括成立选举机构、确定选民资格、进行选民登记、公布选民名单、提名候选人、开展介绍或宣传活动、投票和计票、宣布当选、选举验收、档案整理等内容。

一、选举准备阶段

（一）建立选举机构

村民委员会换届选举的正常进行离不开各种组织机构的协调指挥。在村民委员会换届选举中，省级以下都会建立起各种临时性的选举机构作为选举工作的组织载体，承担换届选举中的各项工作。具体而言，包括选举的领导机构、工作机构和主持机构。

1. 选举的领导机构。各级村民委员会换届选举工作领导小组，一般由同级党委、人大、政府及其职能部门的领导组成。具体分工如下：选举由省级以下各级党委统一领导，并作统一安排；县级以上人民代表大会及其常务委员会和乡级人民代表大会负责监督选举工作；选举工作由省人民政府统一部署，各级人民政府组织实施；县级以上人民政府民政部门负责指导本行政区域内村民委员会选举的日常工作。

2. 选举的工作机构。村民委员会换届选举期间，县级和乡级人民政府应该分别成立村民委员会选举工作指导组，指导村民委员会换届选举工作。选举工作指导组履行下列职责：宣传有关村民委员会选举的法律、法规，指导村民依法行使选举权利；制定选举工作方案，确定选举文书、选票式样和选举日期，并报上一级人民政府民政部门备案；指导和监督村民选举委员会依法开展工作，培训选举工作人员；全面掌握选举工作情况，及时报告、依法处理重要问题；接受和处理有关选举的来信来访；指导、协调村民委员会完成工作移交；总结和组织交流选举工作经验；办理选举工作中的其他事项。

3. 选举的主持机构。《中华人民共和国村民委员会组织法》第十二条规定："村民委员会的选举，由村民选举委员会主持。"可见，村民选举委员会是主持村民委员会换届选举的唯一合法机构。

村民选举委员会成员应不少于 3 人，成员总数宜为奇数。以湖北省为例，"村民选举委员会由主任、副主任、委员组成，其成员一般为 5—11 人，村民小组较多的村，村民选举委员会成员可以适当增加，具体名额由村民会议或者村民代表会议确定。"

村民选举委员会由主任、副主任和委员组成，由村民会议、村民代表会议或者各村民小组会议推选产生。村民选举委员会成员的推选工作应在村党组织领导下，由上一届村民委员会主持。乡级人民政府村民委员会选举工作指导组对村民选举委员会成员构成可以提出建议。村民选举委员会成员应当由熟悉选举工作法律法规、热心为村民服务、能倾听村民意见、办事公道、作风正派，在村民中有威望的村民担任。村民选举委员会中应当有妇女成员。

村民选举委员会成员推选产生后，村民委员会应发布公告，告知全体村民，并报乡镇选举工作指导小组或者乡镇政府备案。

村民选举委员会成立后，主要承担以下职能：开展宣传动员工作，告知村民选举事项，解答有关选举的询问；制定选举工作实施方案，报乡级人民政府村民委员会选举工作指导组备案；公布选举方式、选举日和日程安排，准备村民委员会成员候选人提名表、选票和其他表格；提名并公布由村民会议或者村民代表会议通过的监票人、唱票人、计票人等工作人员；组织开展选举工作人员培训；审查村民选举资格，登记并公布参加选举的村民名单；受理和调查村民有关选举的检举和申诉；确定村民委员会成员候选人名额，主持候选人推选工作，审查候选人资格，依法确定、公布候选人名单，组织候选人与村民见面；审查委托投票申请，公布委托人和受委托人名单；主持选举大会，组织选举投票，公布选举结果；建立选举工作档案，总结和上报选举工作情况，主持村民委员会的工作移交；处理选举工作中的其他事项。

村民选举委员会议事实行少数服从多数的原则。村民选举委员会成员被提名为村民委员会成员候选人，应当退出村民选举委员会。村民选举委员会成员退出村民选举委员会或者因其他原因出缺的，按照原推选结果依次递补，也可以另行推选。村民选举委员会的任期从推选产生之日起至本届村民委员会选举工作结束时止。

（二）部署选举工作

村民委员会选举机构建立后，就应该开始部署选举工作。具体而言，包括以下几个方面：

1. 调查摸底。选举前，市、县、乡三级都要采取有效途径摸清辖区内村民委员会的基本状况，重点了解上届选举情况、村民委员会成员现状、干部群众思想动态等，内容主要包括：辖区内人口、户数、外出村民数、村民小组数、现有村民小组组长数、村民代表数、村务监督委员会成员数等；基层干部群众对选举工作的认识和思想动态，上届选举中遇到的困难和问题；村民委员会成员任期内的主要政绩、问题，特别是群众对其反映强烈的问题；本届选举可能遇到的问题和解决的办法。具体调查方法可以采用召开各类座谈会；开展家访谈心活动；印发调查问卷表、进行统计分析等调查方法。

2. 制定选举工作方案。县、乡两级选举工作方案由其村民委员会换届选举工作机构办公室草拟，经选举工作机构集体讨论审定。村级选举工作方案，由村民选举委员会根据县、乡两级选举工作方案精神，提出初步方案，然后召开村民会议或村民代表会议讨论通过，形成正式方案，向村民张榜公布。选举工作方案的主要内容应该包括：换届选举的指导思想、目的和意义，换届选举工作的时间安排、方法步骤，选举工作的组织领导、具体措施、要求，村民委员会成员候选人的条件，其他相关内容。县、乡两级选举工作方案确定后，应以党委、政府名义下文，由选举工作机构负责执行，县、乡两级人大应对方案的执行情况实施监督，以保证方案的贯彻落实。

3. 培训选举工作骨干。培训对象包括：指导选举工作的人员，即各级选举工作机构成员、选举工作机构办公室人员、从事基层政权建设工作的人员等；直接组织选举工作的人员，即村民选举委员会成员和选举工作人员。如登记员、票箱监管人员、验证发票员、唱票员、计票员、代书员、选举秩序维护人员以及选举观察员等。培训工作采取分级负责制。市级可培训县级有关人员，县级培训乡镇有关人员，乡镇培训村民选举委员会成员和有关工作人员，村培训村选举工作人员、村民小组组长、村民代表等。培训内容主要包括：村民委员会选举的有关法律、法规和文件，选举工作方案和要求，选举的基本程序和操作方法，对选举中有关问题的处理，选举资料的收集、归档办法。

4. 经费筹集。各级人民政府组织、指导村民委员会选举工作所需经费，由本级财政拨付。村民委员会的选举工作经费在村级收入中列支。对经济困难的村，县乡财政给予补助；县乡财政困难的，上级财政给予补助。任何组织和个人不得向村民摊派选举工作经费。

5. 召开会议进行选举部署。选举开始前，乡级以上人民政府应当分别召开选举工作会议，进行专门部署和动员，保证选举工作有组织、有计划、有步骤地进行。村一级也要召开专门选举工作会议，村党组织、村民委员会成员、村民选举委员会成员、乡镇下派工作组成员、选举工作人员、驻村选举联络员、村民小组长和村民代表均应参加。由村民选举委员会主任传达上级有关会议精神，进行动员和具体安排。

（三）开展宣传动员

选举的宣传动员工作，是选举的重要环节，有的放矢地把宣传发动工作贯穿选举全过程，引导村民依法行使民主权利，是选举工作顺利进行的重要保证。

1. 选举内容。与村民委员会换届选举相关的宣传内容很多，应广泛宣传，但由于换届选举的时间有限，各地应突出宣传以下内容：村民委员会直接选举的意义；有关法律、法规及文件规定；候选人的条件；对村民在选举中的要求；村选举方案，投票方法；其他与选举有关的内容。

2. 宣传形式。宣传形式要多样化，可采取以下几种方式进行：新闻媒体，如利用报纸、广播、电视等宣传工具进行宣传；运用黑板报、宣传栏、标语、幻灯、宣传园等宣传手段进行宣传；召开各种会议，如动员会、座谈会、学习报告会、专题讲座等；开展家访谈心，采取登门拜访、谈心等形式，做好深入细致的思想政治工作；设立选举工作咨询站，讲解有关法律、法规、政策，解答群众关心的热点问题；组织文艺宣传组，深入乡、村、田间地头、街弄、庭院，寓教于乐。选举宣传要因地制宜，从实际出发，注重宣传效果，可采取集中宣传和分散宣传相结合、会上宣传与个别教育相结合、全面宣传与重点宣传相结合的方法进行。

3. 宣传重点。宣传要突出重点，每一阶段要有每一阶段的重点。在选举动员阶段，要重点引导村民全面、正确领会和掌握选举法规的基本精神和原则，向选民讲清实行直接民主选举的目的意义，使村民解除疑虑；在选民登记阶段，着重动员外出村民按时回村参加选举，以保证选举有效；在提名候选人和投票选举阶段，要教育选民珍惜自己的民主权利，使他们认识到能否选出自己的“当家人”与本村的改革、发展、稳定和自身利益息息相关，克服宗族、宗派等观念，以公正的心态投上自己神圣的一票。

二、选举实施阶段

（一）选民登记

1. 确认选民资格。确定村民是否有选举资格是进行选民登记的前提。根据《中华人民共和国村民委员会组织法》第十三条的规定：“年满十八周岁的村民，不分民族、种族、性别、职业、家庭出身、宗教信仰、教育程度、财产状况、居住期限，都有选举权和被选举权；但是，依照法律被剥夺政治权利的人除外。”可见，村民要成为选民只需具备以下几个条件：

第一，依法具有中华人民共和国国籍，属于本村村民。具体包括户籍在本村并且在本村居住的村民；户籍在本村，不在本村居住，本人表示参加选举的村民；户籍不在本村，在本村居住一年以上，本人申请参加选举，并且经村民会议或者村民代表会议同意参加选举的公民。但是以下两种情况应该予以排除：户籍在本村，不在本村居住的村民，经村民选举委员会告知后，本人表示不参加选举的或者十日内不答复的；已在户籍所在村或者居住村登记参加选举的村民。

第二，到选举日为止年满十八周岁。村民年龄的计算时间，以选举日为准。村民出生日期以居民身份证为准；未办理居民身份证的，以户口登记为准。

第三，享有政治权利，即未被剥夺政治权利。确认是否被剥夺政治权利，应该以司法机关的判决书为准。被剥夺政治权利的人不享有选举权和被选举权。

第四，身体条件。精神病患者等不具有完全行为能力的村民，不能行使选举权的，经村民选举委员会确认，不列入登记名单。

2. 选民登记日、选举日的确定与公布。县、乡、村三级应根据具体情况，规定选举日。选举日确定后，村民选举委员会应向村民公告。

选举日一经确定并公布，不得随意更改，即使在下列特殊情况下需要改变选举日的，也要通过一定的程序重新确定选举日：一是多数选民对选举工作对立情绪严重；二是遇到突发性的自然灾害或事件，导致选举工作无法如期进行。更改选举日须由村民选举委员会逐级向县、乡两级选举工作机构请示报告，并经村民会议或村民代表会议同意。若由县、乡两级统一规定选举日，则应经县、乡两级选举工作机构批准，方可更改选举日。选举日重新确定后，村民选举委员会应及时向村民公告。

村民选举委员会应当在选举日前核实登记参加选举的村民名单。比如，湖北省的选举办法规定："登记参加选举的村民名单公布后，对因死亡、依法被剥夺政治权利等原因不再符合登记条件的村民，应当从名单中删除；对恢复政治权利和新迁入本村的村民，应当补办登记。登记参加选举的村民名单的变动情况，村民选举委员会应当及时公布。"

选民登记前，村民选举委员会应发布公告，告知本届村民委员会选举的选举日和选民登记日。

3. 选民登记员的确定和培训。村民选举委员会可从本村具有选民资格的村民中，挑选有一定法律知识和文化水平、工作认真负责、熟悉本村情况的人担任选民登记员。选民登记员的人数可根据本村人口和居住条件确定，一般一个村民小组应有2—3人。

选民登记员应经过培训。受过培训的选民登记员应掌握选民资格的条件，明确登记的方法、任务、时间和注意事项。培训内容至少应包括：工作岗位职责，选民资格条件，登记方法要求，登记注意事项。

选民登记可采用以下方法：以村民小组为单位设立登记站，村民到站登记，选民登记员入户登记。村民选举委员会应印制登记参加选举的村民名册，对具有参选资格的村民造册登记。

4. 选民名单公布。经村民选举委员会审核和确认的选民名单，应在选举日的20日前以村民小组为单位在各村民小组张榜公布。之所以这样规定，一是为了使村民有充分的时间酝酿、讨论村民委员会成员的候选人；二是对于有意向要成为村民委员会成员候选人的村民来说，有时间向村民介绍自己；三是便于处理对选民名单的不同意见；四是有利于接受村民监督，对于错漏之处可以及时改正。

5. 村民申诉受理。村民对公布的选民名单有异议，应当自选民名单公布之日起5日内向村民选举委员会提出申诉。村民选举委员会应自收到申诉之日起3日内作出解释或纠正。村民选举委员会还应当将处理结果予以公布，以便接受村民监督。

6. 选民证颁发。在选举日的5日前，村民选举委员会应根据确定无异议的选民名单填写、发放选民证，并由选民签收。

（二）提名候选人

提名确定村民委员会成员候选人，是村民委员会选举工作的关键环节，关系到能否真正反映村民意愿，保证村民委员会选举工作质量。

1. 候选人的资格。村民委员会组织法规定，村民委员会及其成员应当遵守宪法、法律、法规和国家的政策，遵守并组织实施村民自治章程、村规民约，执行村民会议、村民代表会议的决定、决议，办事公道，廉洁奉公，热心为村民服务，接受村民监督。选举村民委员会成员，由登记参加选举的村民直接提名候选人。村民提名候选人，应当从全体村民利益出发，推荐奉公守法、品行良好、公道正派、热心公益、具有一定文化水平和工作能力的村民为候选人。如需对候选人提出具体要求，可由各地根据当地情况在选举办法中作出规定。比如，湖北的选举办法明确规定："鼓励符合前款规定条件的农村致富能手、外出务工经商返乡农民、复转军人、回乡大中专毕业生、选聘的驻村大学毕业生、机关企事业单位退休返乡干部职工等积极参选村民委员会成员。鼓励在发展农村经济和社会事业，带领村民共同致富等方面取得显著成绩的村民委员会主任及其他成员连选连任。"

2. 候选人职位和职数。候选人的名额应当多于应选名额。湖北省选举办法规定："村民委员会主任、副主任和委员的候选人人数应当分别比应选名额至少多一人。"

3. 候选人提名方式。各地有关候选人提名方式有着不同的规定，以湖北省为例，其要求村民选举委员会应当主持召开村民会议或者各村民小组会议，提名村民委员会主任、副主任和委员候选人。村民委员会成员候选人，应当由过半数登记参加选举的村民直接提名。直接提名的候选人中，应当有适当数量的妇女候选人。每位村民提出的候选人人数不得超过应选名额。

4. 候选人确定。正式候选人按照提名得票多少从高到低依次确定。村民委员会主任、副主任和委员的候选人人数应当分别比应选名额至少多一人。湖北省的选举办法特别规定，正式候选人至少有一名妇女候选人，没有妇女候选人的，以提名得票最多的妇女为候选人。

5. 候选人名单公布。正式候选人确定后，村民选举委员会应张榜公布候选人名单，并报乡（镇）村民委员会选举指导小组备案。候选人名单按照主任、副主任和委员顺序公布，按得票多少顺序排列。

（三）候选人竞职陈述

为了保证村民的民主选举权利落到实处，加深村民对候选人的了解，增强选举工作的透明度，村民选举委员会应当组织候选人与村民见面。候选人可以在村民选举委员会主持和监督下，通过发表竞选演说等方式向村民介绍自己的基本情况以及履行职责的设想，并当场回答村民提出的各种问题。候选人竞职陈述可采取以下方式进行：候选人在选举大会上集中陈述并回答选民的问题；在选举日前召开介绍大会，候选人在介绍大会上陈述并回答选民的问题；候选人到各村民小组巡回陈述并回答选民的问题；有闭路电视的村，候选人可在电视上陈述。竞职陈述的内容可以包括本人基本情况、竞选职位及理由、治村方案、对待当选与落选的态度等。通过见面，候选人与村民面对面地进行交流，候选人彼此之间也可以以此方式进行正当竞争，有利于村民挑选更合适的村民委员会成员人选。

（四）投票选举

1. 投票方式。经村民会议或村民代表会议同意从以下三种方式中确定一种投票选举方式：召开选举大会，把全体登记参加选举的村民集中到一起投票；设立中心选举会场，辅之以分会场；设立投票站，不再召开选举大会，村民在投票站开放时间内自由投票。

2. 选票印制。选票按村民委员会主任、副主任和委员职务分列，注明职务和候选人姓名，说明写票方法和要求。候选人名单按提名得票的多少排列。提名得票相同的，按姓氏笔画排列。

3. 投票时间和地点公布。村民选举委员会应在正式投票选举之前，将正式选举投票的时间、地点以及方式等向村民公布，同时报乡（镇）选举指导机构备案。

4. 委托投票办理。登记参加选举的村民应当按照规定直接参加投票。选举期间外出不能参加投票的，应当自登记参加选举的村民名单公布之日起的7日内通过书信、手机短信、电子邮件等形式委托本村有选举权的近亲属代为投票，在本村没有近亲属的，可以委托有选举权的其他村民代为投票，同时告知村民选举委员会。村民选举委员会经核查，确认委托有效后，应当在选举日5日前公布委托人和受委托人名单，并发放委托投票证。每位村民接受的委托不能超过两人，且不得违背委托人意愿。村民的委托投票申请在委托投票名单公布后不得变更或者撤回。村民委员会成员候选人、参选人不得接受委托。

5. 发票、填票、投票。选举开始后，选举工作人员对照选举名册向村民发放选票。发票后，村民可以就近填写。村民在填写选票时，可作出四种选择：一是可以投赞成票，但赞成的人数不能超过应选名额，否则无效；二是可以投反对票，选举人对选票上所列候选人可以部分反对，也可以全部反对；三是可以另选他人，选举人可以对全部候选人不同意而另选他人，也可以对部分候选人不同意而另选他人；四是可以弃权，选举人可以对全部候选人弃权，也可以对部分候选人弃权。参加投票的村民因故不能填写选票的，可以委托除候选人、参选人以外的其他人代写。代写人不得违背委托人的意愿。

选票填写完毕后，村民选举委员会组织村民在选举会场或投票站进行投票。在投票结束后，清点选票前，由总监票员当场当众销毁剩余选票。

6. 选票清点、统计。投票结束后，应将所有的票箱集中到中心会场，在总监票人和监票人的监督下，由工作人员对选票进行集中清点、统计。有效票分整张有效或部分有效两种，按照以下标准处理：按等于或少于应选名额和规定的写票方法写票的，整张有效；按等于或少于应选名额书写同意符号，而对其他候选人不书写任何符号的，整张有效；对所有候选人书写反对符号的，整张有效；对部分候选人写反对符号，而对其他候选人不写任何符号的，整张有效；对某一候选人按规定方法写票，而对其他候选人的写画无法辨认的，可以辨认的部分有效；在选票上不写任何符号的（弃权票），整张有效。

出现如下情况的选票应作为无效票：所选人数超过应选名额的，对所有候选人书写同意符号的，完全无法辨认的。

对疑难选票要登记造册，并由村民选举委员会根据以下程序认定：对疑难选票进行编号；讨论和表决认定事项；根据多数村民选举委员会成员的意见确定认定事项，认定全部或部分有效的选票，须村民选举委员会成员过半数通过。

7. 公布选举结果。公开验票、唱票、计票结束之后，选举主持人应当众公布计票结果。选举村民委员会，有登记参加选举的村民过半数投票，选举有效。候选人或者参选人获得参加投票的村民过半数选票，始得当选。获得过半数选票的候选人或者参选人的人数超过应选名额时，以得票多的当选；因得票数相同而不能确定当选人时，应当当场就得票数相同的候选人或者参选人再次投票，以得票多的当选。村民选举委员会对选举结果进行确认后，颁发当选证书，并于3日内公告当选名单。

《湖北省村民委员会选举办法》还特别规定了对女性候选人当选条款，即“主任、副主任的当选人中没有妇女，但委员的候选人或者参选人中有妇女获得过半数选票的，应当首先确定得票最多的妇女当选委员，其他当选人按照得票多少的顺序确定；如果委员的候选人或者参选人中没有妇女获得过半数选票的，应当从应选名额中确定一个名额另行选举妇女委员，直到选出为止，其他当选人按照得票多少的顺序确定。”

（五）另行选举、重新选举和补选

1. 另行选举。当选人数不足应选名额的，不足的名额另行选举。另行选举的，第一次投票未当选的人员得票多的为候选人，候选人以得票多的当选，但是所得票数不得少于已投选票总数的1/3。

根据《湖北省村民委员会选举办法》的规定，当选人数少于3人的，不足的名额应当在选举日之后的15日内选出。当选人数已达3人或者3人以上的，可以组成新一届村民委员会，不足名额暂缺，在选举日之后的3个月内选出。主任暂缺的，由当选得票多的副主任暂时主持工作；主任、副主任暂缺的，由当选得票多的村民委员会委员暂时主持工作；直到选出主任、副主任为止。

2. 重新选举。出现下列情况之一时应重新选举，重新选举时间由村民选举委员会确定：推选村民选举委员会的程序违法；村民委员会选举中的某个环节违法，致使整个选举无效；个别行为人的行为违法，使选举环节和程序遭到破坏。重新选举由村民选举委员会主持。

3. 补选。村民委员会成员因辞职或被罢免造成缺额的，应在3个月内进行补选。补选程序参照《中华人民共和国村民委员会组织法》第十五条的规定办理。补选产生的村民委员会成员的任期到本届村民委员会任期届满时止。根据《湖北省村民委员会选举办法》的规定，补选工作由村民委员会主持召开村民会议或者村民代表会议进行。补选时，村民委员会没有妇女成员的，应当补选妇女成员。登记参加选举的村民过半数或者村民代表会议组成人员的2/3以上参加投票，补选有效。得票多的候选人当选，但是获得的选票应当超过投票总数的半数。补选的具体程序和方法，参照本办法有关规定办理。补选结果报乡级人民政府和县级人民政府民政部门备案。

三、选举总结阶段

搞好总结验收是整个选举工作必不可少的环节，不仅可以激励争先创优，促进依法选举，同时还可以为下届选举积累资料、提供经验。

（一）档案整理

县、乡、村三级都要分别收集整理选举工作的文件、材料等，分类装订成册，按照档案管理的要求建立规范化的档案。村民委员会选举应建立相应的选举工作档案，并交由新的村民委员会指定专人保管。村民委员会选举工作档案至少应包括的内容：村民选举委员会成员名单及推选情况材料，村民选举委员会选举会议记录，上级有关选举的通知、文件，选举宣传提纲、宣传材料，村民选举委员会发布的选举公告，选民登记册，候选人名单及得票数，选票和投票委托书、选举结果统计、选举报告单，选举大会议程和工作人员名单，新当选的村民委员会成员名单，选举工作总结，其他有关选举方面的资料。

（二）验收总结

选举结束后，县、乡两级应及时组织人员对选举工作进行检查验收，一般先由乡镇组织人员对各村的选举工作进行全面检查，发现问题及时纠正，做好补缺补漏工作。在此基础上，县级应组织人员对乡镇的村民委员会选举工作检查验收。对乡镇检查验收时，除了解整体情况外，还要抽查若干个村。

验收标准可以参照以下内容：选举工作机构人员落实，计划方案切实可行，抽调人员到位；召开专门会议研究和部署选举工作，下发选举工作文件，培训选举骨干；宣传发动贯穿始终，针对性强、形式多样、效果好；选举程序依法进行，按时完成选举任务，参选率、完成率达到规定的比例；下属工作委员会及村民小组健全完善，活动正常；各项制度健全完善；按时完成新老班子交接工作；资料归档规范齐全；有效处理选举中遇到的问题。

检查验收一般采取点面结合的方式进行，对重点村民委员会进行全面检查；对所有乡、村进行普查。检查验收的具体办法主要是听汇报，查看资料，召开座谈会，走访农户谈心了解等。

在检查验收的基础上，县、乡、村都应分别召开选举工作总结会议，评比表彰先进，并逐级上报选举工作总结和有关经验材料、数据等。总结报告的主要内容包括：选举的基本情况、所开展的主要工作、取得的成效、经验和体会、存在的问题、下一步打算等。

第三节　民主选举创新案例

民主选举作为民主决策、民主管理和民主监督的前提和基础，在“四个民主”中开展较早，发展也较快。各地村民群众解放思想，大胆创新，创造了许多特色鲜明的民主选举模式，有力地推动了村庄直接民主的向前发展。

一、海选

吉林省梨树县：“海选模式”调查与思考①

“七九河开，八九雁来，九九艳阳天”。正月十五刚过，记者踏上广袤的松辽平原。一望无际的黑土地虽尚未开冻，但春天的气息已从那遍布田野的大棚里青翠欲滴的菜苗瓜秧间扑面而来。

梨树，这个中国“海选”的发源地，由农民20多年前播下的民主选举的种子，已在这里生根发芽、开花结果，并在中国广大农村形成了“千树万树梨花开”的生动局面，以不可逆转的发展趋势，深刻影响着中国的民主政治进程。

植根于农村大地上的伟大实践

“海选”——一个富有东北地域特色、充满乡土气息的词汇，如今已经成为中国亿万农民的广泛实践，作为中国农民创造的新的民主政治术语，被收入《现代汉语词典》。

同最初凤阳小岗村人搞土地承包是被“逼”出来的一样，梨树人的“海选”起初也不是事先计划的主动选择。

谈起25年前的那次选举，时任常务副县长的费允成记忆犹新：“北老

---

① 《吉林省梨树县“海选模式”调查与思考》，《瞭望》2012年第3期。

壕村村民们对当时的村干部意见很大。当他们希望由自己推选村干部的意见反映到县里时，我觉得符合中央精神和宪法规定，可以尝试，应予支持。”

谁也未曾想到，正是这一破天荒的尝试，从此开启了中国农民主宰自己命运的大门，也使北老壕村这个北方默默无闻的小村庄闻名天下。

费允成说，梨树县委、县政府根据村民的意愿，确定了选举原则：不定调子、不画框框、不提名候选人，充分相信群众，由他们选出自己信得过的人。

“选举那一天气氛相当热烈，全村 2000 多名村民踊跃投票，大会一直开到后半夜。”县民政局原局长徐谦也对那天印象极深：“每到选举揭晓时总是欢声雷动，村里热闹得像过年一样。”

经过三轮选举，老百姓信任的村委会被选出来了。徐谦说：“从那一刻起，我就意识到，我们的基层民主之路顺应民心，是大势所趋。”

在那次选举中当选为村副主任的孙国清回忆起当时的情形十分感慨：“因为没经验，用啥做选票的都有，有算草纸、烟盒纸，甚至还有报销单。如今已经选了八届了。和那时相比，制度越来越完善了，老百姓越来越在行了，参选的人越来越多，承诺的事越来越具体，竞争也越来越激烈了。”

“‘海选’在梨树的发展大致经历了三个重要阶段。”据参与过梨树县历届村委会换届选举的徐谦向记者介绍：

——第一阶段是北老壕村的创举。1986 年 12 月 23 日，北老壕村村民在县委领导的首肯下，首次进行了由村民户代表推选候选人，在村民代表会议上确定村委会的正式候选人和正式选举的尝试，成为“海选”的萌芽。

——第二阶段是平安村的突破。1992 年 1 月 3 日，平安村以村民直接投票的方式，“海选”出新一届村委会。由此，“海选”成为基层民主选举的代名词。

——第三阶段是霍家店村的提升。1998 年，霍家店村在《中华人民共和国村民委员会组织法》颁布之年进行的换届选举，使“海选”的选举程序更加规范。

徐谦指出，小岗村是中国农村经济体制改革的起点，解决了把土地还给农民经营的重大问题；“海选”则是农村基层民主政治改革的重要标志，开启了把民主权利还给农民的伟大实践。土地承包和基层“海选”一样，是党领导下的中国农民的两个伟大创造。

“此后‘海选’在中国农村遍地开花，目前全国已有95%以上的村实行了‘海选’。”王振耀当年作为民政部基层政权建设司农村处处长，亲身见证了中国农村民主选举的发展历程。

王振耀告诉记者，1992年美国《新闻周刊》记者弗兰克·吉布尼找到他，对民主在中国的实施表示怀疑。于是，我们就请他到梨树县实地采访。

“在平安乡，我们睡在了农民的炕头上，十几个人睡一个大通铺呀，一直唠到天亮，这对这位美国记者来说肯定是第一次。”王振耀说，吉布尼到处走、随意问，在采访了大量村民后，他终于信服了，并写出了反映中国基层民主建设的专题报道。

据费允成介绍，自1998年以来，包括美国、丹麦、荷兰、加拿大、印度、日本、新加坡、泰国和中国香港等在内的世界十几个国家和地区的官员、学者和媒体记者到梨树县进行了观摩和考察，并发表了大量文章介绍中国基层民主选举等村民自治情况，在国际上产生了广泛的影响。

记者在梨树县的采访中真切地感受到，“海选”释放了农村蕴藏的活力，推动了农村经济社会和谐发展，改善了干群关系，巩固了党的执政基础。

沿着宽阔的柏油村路，记者来到霍家店村。一盏盏橘黄色的路灯、一栋栋欧式别墅和空中传出的曼妙音乐，显出这里的安宁与富足。村口的石碑上，“村民自治好”几个大字鲜艳夺目。

“当初选举时，谁会料到今天能过上这么好的日子呀！”73岁的村民王凤良正在自家的别墅里看电视，他对记者说，自从14年前霍家店村民在“海选”中选出了大伙满意的村委会，这个村就彻底变了样。

“村里当时真的连买一张纸的钱都没了，村民天天上访，干群矛盾十分紧张。”霍家店村村主任崔文彦说，经过十多年的拼搏，这个曾经欠债近千万元的村子，如今成为全省闻名的富裕村，先后获得“全国模范村委会”、“全国文明村”等荣誉称号。村党支部在建党90周年之际，还荣获

“全国先进基层党组织”的称号。

“海”者，大也。海可纳百川，海阔凭鱼跃。让多数人在多数人中选出自己中意的带头人，这就是“海选”的精髓。

“谁能带领我们过上好日子，我们就选谁。”霍家店村村民用选票表达着他们朴素的民主追求，行使着他们神圣的民主权利。

“海选”让一大批群众拥护的致富带头人脱颖而出，他们中的一批人被选进村委会，成为带动当地经济发展的领头雁。据统计，在梨树全县新一届村主任中，高中和大专以上文化程度的占近70%，平均年龄为45.5岁。

尽管还没出正月，但梨树县高家窝堡村村民聂剑英家的香瓜育苗大棚里，已是热气腾腾，嫩绿的香瓜苗在十几名女工的巧手下，飞快地嫁接到南瓜苗上。“从正月初二开始就没闲着，5万株瓜苗全得嫁接，这样长出的瓜抗病能力强，个头也大。”

聂剑英告诉记者，他们村的村主任兼村支书高华是蔬菜经济合作社的带头人，“大伙选人的眼光很准，他有头脑，领着我们找市场。如今村里没人闲着，大过年的都没多少人打麻将。村民说，打麻将指不定会输，整大棚可是能保证赢啊!”

“我的权力是村民给的，所以必须为村民服务。”高华说，他正琢磨将村里的蔬菜打出个品牌，让村民能挣更多的钱，“我竞选时承诺了6件事，如今全实现了。”

谈到基层民主政治的发展给梨树带来的变化，县委书记闫旭十分自豪。他告诉记者，梨树不仅被评为全国村民自治模范县，综合经济实力也明显提升，成为全国名列前茅的产粮大县。去年粮食产量突破25亿公斤，农民人均纯收入达到1.125万元，比1989年增加了1万多元。

“海选”唤醒了亿万农民沉睡千年的民主意识。经过八届村委会选举的实践与探索，梨树农民参选热情不减，参选人数始终在90%左右。

平安村首位通过“海选”成为村主任的陈永喜曾对前来采访的美国记者吉尼布骄傲地说：你们总统当选时的参选率只有46%，我当选村委会主任的参选率可是95%。

"海选"开创了中国特色基层民主政治的新模式，充分体现了人民当家作主。

有学者精辟地指出：由梨树农民创造的"海选"这一村委会直接选举方式，同小岗村农民创造的"土地承包制"一道，犹如"双子星座"闪耀在历史的天空，成为中国农村改革的两大里程碑。

从"海选"到"法选"

谈到"海选"，记者发现，梨树人都会不约而同地从宪法和村民委员会组织法中引述依据。无论在田间，还是在炕头，一个个普通农民都能熟练地说出法律、法规中有关基层选举的具体条款，脱口说出这些法律、法规哪年试行，哪年颁布，信手拈来，如数家珍，这让记者颇感意外，留下深刻印象。

徐谦告诉记者，梨树"海选"的法律依据就是宪法第一百一十一条的"村民自治"这句话。梨树"海选"之路，就是以此为依据经过不断的摸索实践，从无到有，从粗陋到精细，从初级到成熟，逐步从"海选"发展为"法选"的过程。

费允成说，北老壕村的选举一开始，就是"依法"进行。这个鲜明的特征，为此后"海选"的不断完善奠定了良好的基础。

梨树人实践中创造的许多探索性做法，不仅获得了国家有关部门的充分肯定和高度评价，还充实为国家相关法律、法规的具体条款。1987 年，我国颁布的《中华人民共和国村民委员会组织法（试行）》就吸收了梨树县的做法，1998 年颁布的《中华人民共和国村民委员会组织法》，也采纳了梨树县"海选"的多项实践经验。

如村民委员会组织法规定，选举村民委员会，由本村有选举权的村民直接提名候选人。村民委员会主任、副主任和委员，由村民直接选举产生。候选人的名额应多于应选名额。选举实行无记名投票、公开计票的方法，选举结果应当场公布，选举时，设立秘密写票处。"这些法律条文都是农民们在一次次实践中摸索总结出来的重要成果。"徐谦说，直接提名是梨树的创举，差额选举则是农民们历经三次换届的实践探索才取得的宝贵经验。

据了解，1991年年末到1992年年初的梨树县村委会第二届换届选举中，全县还只有不到10%的村采用“海选”方式提名候选人，但到1994年第三届换届选举时，“海选”的办法已经在梨树县普遍实行。

费允成指出，一次次的实践总结，为相关法律的完善提供了依据。在第一、二届选举时，梨树各村都采取公开画票的方式，结果发现，一些选民在写票时，因碍于情面或怕得罪人，只能违心地填写选票。为了保障选民投票的隐秘性和选民意志不受干扰，在第三届选举时专门设立了秘密画票室。针对一些选民不识字的情况，由乡里选派其他村的教师，帮助他们填写选票。这些规定都切实保障了农民的民主权益。

毋庸讳言，在农村进行民主实践，难免会遇到各种因素干扰，诸如宗族势力等影响，也会有因利益纠葛而产生的偏差。当记者就此类问题征询梨树干部群众的看法时，他们的回答虽不尽相同，但基本的结论是：这种情况并非主流。

“老百姓心里都有杆秤。饭吃了，酒喝了，礼也收了，但到投票时该选谁还是选谁。”平安村村委会主任陈忠说，“因为农民最讲实际，谁不希望选出办事公道、能带领大伙致富的人呢？同时，实行秘密画票，也为农民行使权利提供了制度保障。”他认为，经过20多年的基层民主实践，农民民主意识普遍增强，民主素质普遍提高，对怎样行使自己的民主权利，他们心里明白着呢。

吉林大学法学院教授任喜荣认为，在村民自治的民主选举、民主决策、民主管理、民主监督四项权利中，选举权是核心。没有这个前提，就难以实现科学决策、有序管理和有效监督。从乌坎等地发生的风波来看，村民最为关注的就是选举权能否落实。每三年一选举，可以从制度上防止权力的滥用，有效遏制腐败。

王振耀说，仅有民主，而没有很好的规则，民主难以平稳运行。实行村民自治后，农村找到了解决内部矛盾的机制，为和谐发展奠定了一个制度基础。“乌坎风波”的最终解决，依靠的还是进行依法选举。这是中国农村发生的一个巨大变化，这是民主为中国农村发展解决的一个重大问题。

程序保障民主，民主提高群众。霍家店村61岁的李明昌曾连续六届当选村委会副主任，却在第七届因差十几票被村民“选下去了”。他说：“每次村委会改选都是对干部的教育和考验。三年一届，不好好干，不为群众服务，下届大伙肯定就不选你了。”

退休后，费允成一直潜心总结梨树的“海选”经验。他介绍，截至2010年年末，梨树县的“海选”已经历了8届，并取得了一系列经验：一是尝试了把提名权从选举权中分离出来，由选民直接提名确定候选人，体现了直接民主、竞争择优的原则；二是探索了确定选民资格、发放选民证持证选举，确定候选人实行村党支部书记提名、村民小组提名、有选举资格的10人以上提名等一系列规定章程；三是丰富和完善了选举的程序和内容，将推荐权交给农民，并增加了候选人竞选演讲、设立秘密画票室、差额选举等内容；四是体现了以人为本，将选举时间由冬季改成在7月进行；五是确定村党支部书记作为村民中的一员，可以参加村委会成员的竞选，当选者即可行使村支书、村主任两个职务“一肩挑”。

吉林省委党校副校长周知民认为，“海选”是中国民主政治过程中训练民主意识，推进民主行为的最好方式。其意义不仅在于为全国农村提供了基层民主建设的范例，也提供了规则和程序，因为实体民主必须由程序民主作保障。

专家们表示，以村民直选为基础的村民自治制度作为一个新生事物，尽管不可能短时间内做到尽善尽美，也不可能解决基层民主建设面临的全部问题，但梨树20多年的实践证明，村民自治制度符合中国基本国情，方向和路径是完全正确的，具有强大生命力和广阔发展前景，必须坚定不移地推进，并在推进的过程中不断加以完善。

党的领导是基层民主发展的灵魂

在高家窝堡村敞亮的人才信息交流市场大厅，记者看到，墙上的电子大屏幕中不停地更新着摘菜工、家政服务员、保安、瓦工等全国各地人才市场上适合农民的用工信息。

村主任兼党支部书记高华说：“这是村里去年建起来的，十里八村的农民都会到这里找适合自己的工作，多的时候能有三四百人。”

“上任一年多来，上级落实给我们村的各项任务都完成得很好，粮食直补、良种补贴、低保补助等款项，都及时发放到了农民手里。”高华指着村部走廊墙上贴满各种表格的村务公开展示栏说：“遇到大事，村里会及时召开村民代表会议一事一议，各类用款情况也及时上墙，接受村民监督。”

高华说，新的党支部在一年内发展了两名30岁左右的年轻党员，并鼓励他们多参与村里各项事业。他说：“得培养一些年轻后备人才呀。这样咱村的事业才能后继有人。”

“在农村基层民主建设中，不是该不该管，而是如何管的问题。”新上任的小宽镇党委书记刘文明说，在村民自治建设中，党的组织必须发挥领导核心作用。

在梨树县采访，记者发现：自2010年6月梨树县开展第八届村委会换届选举以来，在全县295个行政村中，唯独小宽镇新风村至今没能依法完成换届选举。

“新风村选举出现问题，表面上看是选举程序上屡出差错，深层次原因是基层党组织战斗堡垒作用没得到充分发挥，组织领导不得力，工作措施不到位。”一位知晓内情的当地干部告诉记者。

曾经是远近闻名鱼米之乡的新风村，近年来村干部领导不力，经济滑坡，人心涣散。在这次换届选举中，由于种种人为干扰，甚至有人采取了一些非正常手段，使选举陷入僵局。村民们为了维护自己的民主权利，走上了“要求依法选举”的艰难上访之路。

梨树县一位信访干部说，为了维护民主选举权利，农民们如此执着地上访，我在信访局工作多年还是第一次遇见。

刘文明说：“老百姓依法维护民主权利的意识增强了，是社会的进步。尤其在这种时候，党组织更应当加强有效引导，以推动问题的顺利解决。”

当镇里委派镇武装部部长陶维民兼任村党支部书记后，新风村才出现转机。陶维民告诉记者，他上任后，首先做的就是挨家挨户核实选民人数，防止再发生漏登错报的情况。为了力求准确，他到派出所核对户籍，找计生干部查验婚配嫁娶的情况。

在新风村，记者看到一条4米多宽新修的水泥路通向全村各家农户。

这条长 3 公里多的崭新村路，是陶维民上任后带领党支部为村民办的第一件实事。平整的水泥村路，连接起来的是因换届选举久拖不决日渐疏远的干群关系，修复的是村民之间有些对立的邻里情谊，带来的是新风村村民们期待已久的希望。

经过陶维民等党员干部的耐心细致的工作，村民们对选举准备工作初步认可。目前，村主任参选人的竞选演讲已经完成，剩下的就是择日公布选民榜，确定选举日，进行正式投票。

据悉，根据记者反映的情况，梨树县县委、县政府已成立了新风村第八届村委会换届选举工作指导小组，由县委书记和县长担任负责人，下设民意调查、政策咨询、信访稳定、选举指导、纪律监督和宣传引导六个工作组，以推进新风村村委会换届选举工作。

在新风村采访时，记者注意到村里新修的水泥路旁，一户农家院落的院墙上写着一幅引人注目的标语："党员群众一条心，致富路上有黄金。"

"我们老百姓就相信党，没有党的领导不行！"新风村村民侯福春说，"只要上级党委关键时刻有态度，依法按程序办事，相信选举一定能成功。"

"这些年，在村'两委'的换届过程中，县委一直在加强组织领导，强化工作指导，注重思想引导。"梨树县委组织部副部长郭峰说，"为了加强党对农村工作的领导，我们在严格依法的前提下，积极鼓励和推行党支部书记和村委会主任'一肩挑'，村'两委'班子成员交叉任职。"

闫旭说："我们鼓励当选的主任参加村书记选拔，如今我们县村'两委'中'一肩挑'的比例，已经由 20 多年前的不到 20% 上升到了 86.4%；全县 295 名村委会主任中是党员的有 277 名，占 93.9%。"

"'一肩挑'有利于实现党组织的意图同农民的意愿的有机统一。"闫旭说，"我们县这几年通过党组织对选人用人政治上的保障，让一些公道正派、能力突出的人走向了带头人的岗位，使党组织在群众中的威信不断提高了。"

在梨树的采访中记者发现，凡是村里经济发展、基层民主健全的地方，都是因为党组织能够充分发挥领导核心和战斗堡垒作用。

记者去北老壕村采访前，一位曾经到过这里的同事专门提醒，那里的路可难走了。没想到，下了乡级公路，一条虽不宽敞但却平坦的水泥村路展现在眼前。

“别看它才5.58公里，但村里的老百姓却等了20多年。”当地村民告诉记者，这是新任村委会主任兼村支书于新军去年自己拿了几十万元修起来的。

见到记者，于新军诚恳地说：“为啥要修？当领头人就要作出点牺牲。我向全体村民承诺过，要把这条年年翻浆的泥路换成水泥路，让村里的产品能运出去，让大伙快点富起来。”

49岁的于新军是一年多前当选的。在他的努力和各方帮助下，一个面积虽然不大，但却整齐干净的村部建起来了。这个悬挂着党旗的房子，如今成了村民们商量村务，合计生产的场所。

“这是个象征，像一个坚固的战斗堡垒。”梨树镇党委书记许友平说：“把它建起来，就是要增强农村基层党组织的凝聚力。”

“这就是有中国特色的社会主义民主政治道路”，吉林大学教授邴正说，“正因为我们的党和国家高度重视村民选举，把它纳入法制化轨道，充分体现出人民当家作主，才会吸引更多群众向党组织靠拢。”

“海选”，这一最初由农民自下而上的探索实践，又在党的正确领导下自上而下地有序推进，并以法律制度等逐步规范完善。这种上下结合、良性互动的方式，也许正是中国基层民主政治发展道路的特点与优势。

“这是新时期的群众路线，党通过选举和农民有机联系起来，农村基层组织建设通过选举得到了加强。”王振耀说，“实际上，党通过选举在农村的领导地位不仅没有被削弱，而且更加巩固了。”

王振耀指出，“海选”是中国政治民主进程中的一个标志性事件，它让民主在中国广大农村生了根，这是党领导方式的重大改进。通过农村基层民主建设，党的领导地位得到了巩固，执政基础得到了加强。

民政部基层政权和社区建设司农村基层民主处处长黄观鸿说，党的十七大把基层群众自治制度确立为中国特色社会主义民主政治建设的四项制度之一，要求把发展基层民主作为发展社会主义民主政治的基础性工程重点推进，赋予基层民主政治建设新的历史使命。发展和完善党领导的村级民主自治机制，最根本的是要保障村民当家作主。实践证明，只有积极适应农村改革发展的新形势新要求，坚持方法理念的创新，民主选举才能得以深入发展，才能保持更加旺盛的生命力，才能不断适应农民群众日益增长的参与热情。

发扬民主，是党的主张，人民的意愿。没有民主，就没有社会主义，也不可能实现真正意义上的现代化。

而民主的实现，是一个循序渐进的过程，不可能一蹴而就。既需要客观条件，也需要勇气胆识；既需要积极探索，也需要制度保证。重要的是从点点滴滴做起，聚溪流汇江河，积砖石筑大厦，使民主从书本走向田野，把抽象的理论变成生动的实践，让民主从脚下不断成长起来。

二、选举观察

湖北民政厅：选举观察员制度①

在2005年湖北省第六届村民委员会换届选举中，为加强对村民委员会选举的监督，保证选举依法公平、公正、公开进行，湖北省民政厅建立了选举观察员制度，由省、市、县三级政府组织人大代表、政协委员、专家学者等实地全程观察村民委员会选举工作情况。当年，湖北省、市、县共派出观察员13574人，观察5517个村。湖北省民政厅先后下发了《关于建立村民委员会选举观察员制度的实施方案》和《关于对村务公开民主管理进行观察的通知》，明确规定了观察员制度的指导思想、选聘条件、观察对象、观察内容、时间和职责等方面的内容。

观察员制度要求，观察员必须具备一定的政治素质和村民自治法律知识，以上访村、“难点村”和问题村为重点观察对象，主要观察村级民主

① 整理自张晨：《观察员制度：深化村级民主管理的新举措》，《村委主任》2007年第7期。

选举、民主决策、民主管理和民主监督四个方面的情况。观察员必须实地观察村级民主管理的基本做法，真实客观填写观察项目记录表，认真完成观察报告并报省及当地民政部门。观察村民委员会选举活动的时间为45天，观察村务公开民主管理活动的时间为10天。省民政厅对省级观察员进行了培训，为提高其观察水平打下了良好的基础。

观察员制度在村务公开民主管理的实践中发挥了重大作用。实施观察员制度的过程，也是向广大基层干部群众实施村级民主管理法律、法规和政策的宣传教育过程。这一制度有效地整合了社会力量，把省人大代表、政协委员、专家学者吸收为观察员，有利于民政部门的行政职能与社会组织的社会职能的有机结合；通过选聘一批从事村民自治研究的专家学者和高校硕士、博士研究生参与驻村观察，探索了村民自治理论与实践相结合的有效途径。

广大观察员通过下乡驻村实地观察，向广大的偏远山区干部群众宣传了村民委员会组织法，提高了他们的民主法治意识，保障了村民的选举权、知情权、决策权和参与权。观察员的驻村观察，对县乡干部的行政行为和村干部的自治行为也起到一定的监督作用。长期集中驻村观察，使观察员能够深入了解基层的真实情况，客观、公正地向当地党委政府反映存在的问题，为化解乡村矛盾、协调乡村利益起到了良好的促进作用。

第四章　民主决策

决策就是组织或者个人为实现特定目标，在掌握相关信息的基础上，运用科学的理论和方法，综合分析主客观条件，提出若干方案并选择出最佳方案作为行动指南的过程。而民主决策则包括两方面的含义，一是决策的程序符合民主原则；二是决策的结果必须体现组织成员的利益和要求。

第一节　村级民主决策概述

村级民主决策是村民自治的重要内容。在村民自治过程中，村级民主决策不仅有其法定的内容和程序，而且有必要的法定形式。

一、村级民主决策的含义

村民自治中的民主决策，就是在村级事务中，凡是涉及村民切身利益的重大事项，都必须经过村民民主讨论的环节，按少数服从多数的要求，作出最终决定。

村民自治中的决策主体应该是村民。也就是说，村民享有村级事务中重大事项的决定权。经过改革开放30多年的发展，农民的利益主体意识和政治参与意识已与改革前不可同日而语，对村庄政治生活的参与积极性大大提高。因此，村级事务的决策中必须要重视村民的主体地位，要集中广大人民群众的智慧，群策群力，共同推进。

村级民主决策要求决策过程必须经过村民的充分讨论。这就要求在决策方案拟订后，必须要通过宣传栏、广播等各种形式广泛宣传，使方案内容被广大村民充分了解，并在讨论的过程中听取村民意见，尤其是不同意见。在此基础上，对方案进行修改完善，确保方案内容充分体现村民的意见和要求。

村级民主决策中，决策结果的作出必须体现少数服从多数的基本要求，保证决策方案体现最广大村民的根本利益。为保障决策民主，可以采取票决制、集体协商等多种形式。但无论采取哪种形式，都需要做到参加决策人员地位平等、参加人数符合法律规定。在决策过程中，要允许村民平等讨论、畅所欲言，必要时可以咨询专家意见帮助论证。

二、村级民主决策的基本原则

村级民主决策要坚持民主的广泛性原则。村级事务的决策过程必须不断扩大民主，不断拓宽村民参与村级事务的渠道，落实村民在决策中的知情权、参与权和表达权，更好地接受村民的监督。凡是与农民群众切身利益密切相关的事项，都要实行民主决策，不能由个人或少数人决定。

村级民主决策要坚持合法性原则。村级事务的决策必须依法进行，不断完善村级民主决策的组织形式。这就需要通过不断完善法律、法规和村规民约来明确村民作为决策主体的地位、规范村民决策行为、完善决策程序，最终实现村民决策于法有据，决策行为依法进行，违法决策必须承担应有的法律责任。

村级民主决策要坚持程序性原则。必须坚持按法定规则和程序决策，规范村级民主决策的程序。建立健全村级事务的决策机制，实现村“两委”决策与群众参与相结合，实行集中指导下的民主与民主基础上的集中相结合的决策机制。涉及村民利益的事项，原则上要遵循以下决策程序：由村党组织、村民委员会、村集体经济组织、十分之一以上村民联名或五分之一以上村民代表联名提出议案；由村党组织统一受理议案，并召集村党组织和村民委员会联席会议，研究提出具体意见或建议；由村民委员会召集村民会议或村民代表会议讨论决定；由村党组织、村民委员会组织实施决策事项的办理。对提交村民会议或村民代表会议讨论决定的事项，会前要向村民或村民代表公告，广泛征求意见；会后要及时公布表决结果；对决定事项的实施情况，要及时公布，自觉接受群众监督。涉及村民利益的重大事项，必须按照决策程序提请村民会议或村民代表会议讨论决定。

村级民主决策要坚持权责统一原则，建立决策责任追究制度。除发生自然灾害等紧急情况外，村民会议或村民代表会议依法形成的决议不得随意更改，如因情况发生变化确需更改的，要通过村民会议或村民代表会议讨论决定。村民会议或村民代表会议讨论决定的事项，要形成书面记录并妥善保存。未经村民会议或村民代表会议讨论决定，任何组织或个人擅自以集体名义借贷，变更与处置村集体的土地、企业、设备、设施等均为无效，村民有权拒绝，造成的损失由责任人承担，构成违纪的给予党纪政纪处分，涉嫌犯罪的移交司法机关依法处理。

三、村级民主决策的意义

村级民主决策的实施必将对农村政治、经济、社会等各方面的发展产生深远的影响，主要体现在以下几个方面：

第一，村级民主决策将村民利益作为决策的出发点和落脚点，有助于推进村级事务决策的科学化、民主化，避免了决策的盲目性和随意性，保障了村民利益不受非法侵犯。

第二，村级民主决策过程能够考虑村民的现实需要和利益诉求，决策的落实又可以实现村民利益的增加。这就可以极大地提高村民参与农业生产的积极性，促进农村经济的发展，有利于社会主义新农村建设的顺利开展。

第三，村级民主决策可以拓宽村民利益表达渠道，保障村民对村级公共事务和公益事业的知情权、参与权和表达权，有助于村民自治权的实现。通过系统化的政治参与实践，可以提高村民对村级事务的参与意识和参与水平，有助于村民法治意识的提高和民主能力的增强，最终增进村庄政治发展的民主化程度。

第四，实行村级民主决策有利于对村干部决策行为进行民主监督，这样既缓和了干群矛盾，又提高了村干部的决策能力和决策威信，有助于乡村社会的和谐发展。

第二节 村“两委”联席会议

村“两委”联席会议是广大农村在实践村民自治过程中，为有效协调村党组织与村民委员会之间的关系，充分发挥党的领导作用和村民委员会的自治功能的一大制度创新。

一、村“两委”联席会议概述

《中华人民共和国村民委员会组织法》第四条规定：“中国共产党在农村的基层组织，按照中国共产党章程进行工作，发挥领导核心作用，领导和支持村民委员会行使职权；依照宪法和法律，支持和保障村民开展自治活动、直接行使民主权利。”《中国共产党农村基层组织工作条例》第二条规定，村党组织是党在农村的基层组织，是党在农村全部工作和战斗力的基础，是村各种组织和各项工作的领导核心。以上两条规定，确定了党在农村工作中的领导地位，即村党组织在农村政治体系中处于领导核心地位，村民委员会必须服从村党组织的领导并接受其监督，在此前提下，组织村民依法行使村民自治权。

但在实践中，由于对两者的关系的理解上存在偏差，有些地方出现了一些“两委”关系不和谐的现象。比如，有的地方村党组织大包大揽，把本属于村民自治范围的事项纳入自己的管理范围，一方面侵犯了村民自治权；另一方面也使自己变成了一个执行机构；有的地方村民委员会比较强势，对自治强调比较多，而对党的领导的重要性缺乏清晰的认识，导致了党组织在村民自治中作用发挥有限；有些地方村党组织与村民委员会热衷于所谓的权力斗争，相互对立或者相互扯皮，将村民利益置之不顾。这些不良倾向都是对党领导下的村民自治的错误理解，既不利于党组织作用的发挥，也影响了当地村民自治工作的开展，最终损害的是村民的自身利益。

为有效协调村党组织和村民委员会的关系，解决“两委”关系不协调的问题，一些地方大胆进行制度创新，通过组织村“两委”联席会议，规范村级重大事务的民主决策程序，巧妙地化解了矛盾，有效地解决了“两委”关系不协调的问题。归纳起来，村“两委”联席会议就是由村党组织负责人出面召集村党组织和村民委员会两个组织的全体成员，对村民生产生活中的重大问题或者重大事项进行讨论商议、交换意见、拟订决策方案的会议形式。

二、村“两委”联席会议的议事内容

在村级事务管理中，凡是与村民群众切身利益相关的事项，都要实行民主决策，不能由个人或少数人决定。因此，在村庄管理过程中，凡是涉及村民利益的重大、全局性事项都可以采取村“两委”联席会议的形式，收集意见、发现问题、求同存异、减少矛盾、达成共识。根据各地探索的实际情况，主要涉及以下问题：

1. 上级党委、政府的有关指示、决定和重要工作部署的落实方案；
2. 村经济建设和各项社会事业发展的总体规划和年度计划；
3. 引导村民调整产业结构、发展农村经济的有关措施及办法；
4. 村集体经济项目的论证、立项、投资和生产经营方案；
5. 村会计、出纳、治保员、调解员、计生信息员、护林员、村办企业负责人等工作人员的人事任免；
6. 村集体财务预算决算方案，村级财务管理规定，上级下拨资金，救灾救济款物及集体资产的使用和处置方案；
7. 宅基地的安排与报批、土地征用和使用权调整、山林权属纠纷调处、山场（矿）承包转让方案、商品（自用）林木指标分配等；
8. 村干部报酬、误工补贴人数及补贴标准，农村五保对象、农村低保对象的申报；
9. 道路和农田水利等农村公益事业的经费筹集方案和承包方案；
10. “一事一议”及公益事业费的收缴与使用；

11. 村民自治章程和村规民约；

12. 重大民事纠纷的调解；

13. 以村党组织和村民委员会名义上报的重要报告及需要由上级党委政府采取措施和协调解决的事项；

14. 村务管理中的其他重大问题及其他需要共同商议的事项。

三、村“两委”联席会议的工作原则

村“两委”联席会议制度的执行和工作开展，必须坚持以下原则：

党的领导原则。村“两委”召开联席会议，必须在村党组织的领导下有组织、有步骤地进行。会议原则上由村党组织负责召集，由村党组织负责人主持。

依法依规办事原则。村“两委”联席会议的召开必须遵守《中国共产党章程》、《中国共产党农村基层组织工作条例》、《中华人民共和国村民委员会组织法》等规范要求，坚持照章办事、依法办事。

民主决策原则。凡重大事项要按照民主集中制的原则，进行民主议事，在征求各方面意见的基础上，实行集体决策，坚决反对将个人意志凌驾于组织之上。

公开透明原则。要增加村“两委”联席办公的透明度，做到每个可以公开的环节均面向群众公开，确保公平、公正，必要时吸收村务监督机构和群众代表参与会议，听取其对村务管理工作的意见、建议。

四、村“两委”联席会议的议事程序

（一）会议准备

根据中共中央办公厅、国务院办公厅《关于健全和完善村务公开和民主管理制度的意见》的规定，村党组织、村民委员会、村集体经济组织、十分之一以上村民联名或五分之一以上村民代表都可以提出议案，交村党组织召开联席会议讨论。在村“两委”联席会议召开前，村“两委”班子应事先做好调查研究工作，必要时在村务公开栏上先行公告，征集意见。

（二）会议召开

村“两委”联席会议由村党组织、村民委员会的全体成员组成，讨论专门事项时，也可安排村务监督机构和适当的村民代表或其他相关人员列席会议，也可邀请上级组织派员参加。会议由村党组织统一受理议题和召集。召开会议，必须有三分之二以上的成员参加，经到会人员的过半数通过形成会议意见。

（三）会议流程

首先，确定会议议题。针对议案，党支部书记或者村委主任可以分别代表党组织或村民委员会提出初步意见，也可以根据议题内容确定中心发言人发表意见。

其次，组织讨论。参会成员可以畅所欲言，积极发表对议题的看法，交换意见。如果意见分歧较大或者暂时形不成决议的，要进一步酝酿，等条件成熟后再进行研究；需要形成决议时，要按少数服从多数的原则进行表决。

最后，进行表决。可采取举手表决、口头表决或者无记名投票的方式，实行少数服从多数的原则。

会议决议执行中如发现决议与党和国家的政策、法律、法规不符时，要及时向村党组织汇报并及时召开联席会议重新讨论决定；凡需提交村民代表会议和村民会议通过的事项，要严格按村民委员会组织法规定的程序进行，不得以村“两委”联席会议取代村民会议或者村民代表会议。

第三节　村民会议

村民会议是广大村民通过集体讨论决定涉及集体利益问题实现直接民主的基本组织形式，是村民行使自治权利的根本途径和形式。村民会议作为村民自治的权力机构，享有村规民约制定权、村委会成员任免权、重大事务决策权、村级管理监督权等多项权力。村民会议的召开有着严格的组成规定和程序限制。涉及村民切身利益的村级事务由村民会议集体讨论决定，有助于充分发扬民主，培养村民民主意识，锻炼村民自治能力，真正实现村民当家作主。

一、村民会议的组成

《中华人民共和国村民委员会组织法》第二十一条规定："村民会议由本村十八周岁以上的村民组成。"第二十二条规定："召开村民会议，应当有本村十八周岁以上村民的过半数，或者本村三分之二以上的户的代表参加，村民会议所作决定应当经到会人员的过半数通过。法律对召开村民会议及作出决定另有规定的，依照其规定。召开村民会议，根据需要可以邀请驻本村的企业、事业单位和群众组织派代表列席。"以上两条规定了村民会议的法定组成形式。具体说来，包含了以下几个方面的内容：

（一）村民会议组成人员的基本要求

村民会议的组成人员首先必须是本村村民，具体的判断标准就是户籍所在地为本村。

村民会议的组成人员应年满十八周岁。《中华人民共和国宪法》第三十四条规定，年满十八周岁的中华人民共和国公民均有选举权和被选举权，但被剥夺政治权利的人除外。《中华人民共和国民法通则》第十一条规定，十八周岁以上的公民是成年人，具有完全民事行为能力，可以独立进行民事活动，是完全民事行为能力人。可见，无论从宪法行为能力上还是从民事行为能力上，只有年满十八周岁的公民才具有相应的行为能力和平等的权利能力。这主要是考虑了公民的身体、心理、智力、判断力等因素的发育情况。因此对于未满十八周岁的村民，即使其能够自食其力，也不能参加村民会议。对于村民的年龄判断，原则上以户籍年龄为准。

法律没有明确规定依照法律被剥夺政治权利的本村村民是否可以参加村民会议。我国刑法规定，剥夺政治权利主要指剥夺公民享有的选举权和被选举权，言论、出版、集会、结社、游行、示威自由的权利，担任国家机关职务的权利，担任国有公司、企业、事业单位和人民团体领导职务的权利。根据“法无明文禁止即可享有”的法律原则，依照法律被剥夺政治权利的人作为村民的一员，参加村民会议的权利依旧由自己保留，因此，其完全可以参加村民会议并发表自己意见，但是其不享有选举、罢免或被选举为村民委员会组成人员的权利。

（二）村民会议的组成形式

根据村民委员会组织法的规定，村民会议的召开可以有两种形式。第一种是由本村十八周岁以上村民参加召开。这种情况是村民会议的最完整形式，也是最高级别形式。但是必须注意的是会议召开有一个限制条件，即参加人数必须达到本村十八周岁以上村民的过半数，方为有效。

第二种情况是户代表参加召开。按照现代民主政治发展的要求，村庄内部的每个人都有平等表达个人利益诉求的权利，都有平等参加村民会议的权利。但是考虑到目前我国农村普遍实行的还是家庭承包的经营方式，一个家庭里的所有成员都是一个生产单位，每个家庭有着共同的经济利益和利益诉求。以户为单位派出参会代表，一般也能够有效将村民的意见、建议反映上来。因此，法律允许在特殊情况下召开这种不完全形式的村民会议。这种特殊情况主要指村民居住比较分散或者外出村民较多，按照第一种情况召开村民会议确实存在困难。但是这种会议形式也受到严格的限制：第一，以户为单位召开村民会议，参加户数必须达到或超过本村户数的三分之二；第二，涉及村民重大利益的事项，不能采取这种形式，包括选举或者罢免村民委员会成员、讨论通过村民自治章程和村规民约等。

（三）村民会议的列席人员

随着农村经济社会的发展，村庄的各项经济政治生活越来越具有开放性，村庄内部的不少驻村企业、事业单位或者群众组织或多或少地与村庄发生着各种利益关系。村民通过召开村民会议的形式讨论村级重大事务往往会涉及这些单位的利益。因此，在这种情况下，邀请其列席会议、表达观点，既是对这些驻村单位的尊重，也是获得其支持的有效途径。

二、村民会议的权力

村民会议的组成人员的广泛性、代表性等决定了村民会议在村民自治中的地位和作用。可以说，村民会议是村民参与村庄政治生活最直接、最广泛的形式，村民也能够通过村民会议最直接、最全面地表达各项利益诉求。村民会议是村民自治体中最高的权力机构、决策机构和监督机构。为保障其决策、监督职能的实现，村民委员会组织法赋予了村民会议多项权力。

（一）村级规范性文件制定权

这主要是指村民会议具有制定村民自治章程、村规民约等村级管理中的规范性文件的权力。村民自治章程和村规民约是村民会议依据党的方针、政策和国家的法律、法规，结合本地实际，讨论制定的涉及村庄管理的规范性文件，具体内容包括村民的权利和义务、村庄内部各种组织之间的关系和工作程序以及村庄经济管理、社会治安、村风民俗、婚姻家庭、计划生育等方面的具体要求和规范。相比较而言，村民自治章程更具有综合性，内容涉及村民自治中的政治、经济、文化、社会、生态等方面，是村级管理的“小宪法”。村规民约则主要讨论村庄生活的某一方面内容，具有较强的可操作性。

村民会议在制定村民自治章程或者村规民约时，一般要经过这样几个程序：第一，由村民委员会调查研究，广泛征求群众意见，找出群众普遍关心并且迫切需要解决的实际问题，分门别类，划定村民自治章程或村规民约的规定内容。第二，村民委员会负责收集整理意见，拟订草案，下发给村民讨论。第三，在对草案进一步修改完善的基础上，提交村民会议表决、通过。第四，采取适当形式予以公布，包括张贴在村公告栏中、印制成册逐户发放等。

村民会议在制定村民自治章程或者村规民约时，要注意三个限制性要求：一是不得与宪法、法律、法规和国家的政策相抵触，包括不得与宪法、法律、法规和国家政策的精神和宗旨相违背，不得超越村民自治章程和村规民约的权限范围，不得规定不合法、不适当的处罚措施。二是不得有侵犯村民的人身权利、民主权利和合法财产权利的内容。村民的人身权利、民主权利和合法财产权利与生俱来，并受到宪法、法律的保护，村民自治章程和村规民约都不能对这些权利作出限制或者剥夺，否则即为非法。三是村民自治章程或村规民约制定后，要按规定报乡镇政府备案，接受监督。乡镇政府发现村民自治章程、村规民约有违反法律规定或者侵犯村民权利的，应当责令其改正。

（二）重大事项决定权

这主要是指在村庄政治生活中，凡是涉及村民利益的重大事项，都必须经村民会议讨论决定方可办理，村民会议具有最终决定权。村民对村级事务享有决定权是村民自治最重要的体现，也是实现村民当家作主的关键环节，没有最终决定权的村民自治只能是一句空话。根据村民委员会组织法的规定，村民会议主要可以决定下列事项：

1. 讨论决定由乡镇人民政府提出的有关村民委员会的设立、撤销、范围调整的建议；
2. 本村享受误工补贴的人员及补贴标准；
3. 从村集体经济所得收益的使用；
4. 本村公益事业的兴办和筹资筹劳方案及建设承包方案；
5. 土地承包经营方案；
6. 村集体经济项目的立项、承包方案；
7. 宅基地的使用方案；
8. 征地补偿费的使用、分配方案；
9. 以借贷、租赁或者其他方式处分村集体财产；
10. 村民会议认为应当由村民会议讨论决定的涉及村民利益的其他事项；
11. 授权村民代表会议讨论决定以上规定的事项。

（三）推选、补选权

这主要是指村民会议按照一定方式和程序推选村民选举委员会成员，以及补选村民委员会成员的权力。这主要包括两项权力：

一是推举村选举委员会和村务监督机构成员的权力。《中华人民共和国村民委员会组织法》第十二条规定："村民选举委员会由主任和委员组成，由村民会议、村民代表会议或者各村民小组会议推选产生。"第三十二条规定："村应当建立村务监督委员会或者其他形式的村务监督机构，负责村民民主理财，监督村务公开等制度的落实，其成员由村民会议或者村民代表会议在村民中推选产生，其中应有具备财会、管理知识的人员。"由此可见，村民会议可以通过推选村选举委员会和村务监督机构成员的方式来实现对村庄换届选举以及村级民主监督的影响。

二是补选村民委员会组成人员的权力。《中华人民共和国村民委员会组织法》第十九条规定："村民委员会成员出缺，可以由村民会议或者村民代表会议进行补选。补选程序参照本法第十五条的规定办理。补选的村民委员会成员的任期到本届村民委员会任期届满时止。"湖北省的选举办法规定："村民委员会成员因辞职、职务自行终止、被罢免等原因缺额的，应当在三个月以内进行补选。补选工作由村民委员会主持召开村民会议或者村民代表会议进行。"

（四）监督权

这主要是指村民会议可以通过法律规定的形式对村民代表会议、村务监督机构及其成员、村民委员会及其组成人员进行监督的权力。《中华人民共和国村民委员会组织法》第二十三条规定："村民会议审议村民委员会的年度工作报告，评议村民委员会成员的工作；有权撤销或者变更村民委员会不适当的决定；有权撤销或者变更村民代表会议不适当的决定。村民会议可以授权村民代表会议审议村民委员会的年度工作报告，评议村民委员会成员的工作，撤销或者变更村民委员会不适当的决定。"第三十二条规定："村务监督机构成员向村民会议和村民代表会议负责。"由此可见，村民会议对村级事务的监督权可以通过以下几种形式实现：

1. 审议村民委员会的年度工作报告。此项权力体现了村民委员会作为村民自治的执行机关向作为自治权力机关的村民会议负责，也是村民履行自治权利的体现。村民会议每年至少要听取和审议一次村民委员会的工作报告，以使村民对其所做的各项工作有全面的了解，增加村民委员会工作的透明度。在村民会议上，村民能够对村民委员会的各项工作提出意见和建议，便于村民委员会不断改进工作。

2. 评议村民委员会成员工作。《中华人民共和国村民委员会组织法》第三十三条规定："村民委员会成员以及由村民或者村集体承担误工补贴的聘用人员，应当接受村民会议或者村民代表会议对其履行职责情况的民主评议。民主评议每年至少进行一次，由村务监督机构主持。村民委员会成员连续两次被评议不称职的，其职务终止。"根据这条规定可以看出，村民会议对村民委员会成员的监督有两个特点：一是监督更加日常化。法律规定了每年评议的次数不少于一次，这就决定了地方法规或者村民自治章程、村规民约可以设定更多的评议次数，强化监督作用。二是监督是刚性的。如果村民委员会成员连续两年被村民会议评议为不称职的，其职务自行终止，这种约束力明显是刚性的。

3. 撤销或者变更村民委员会、村民代表会议不适当的决定。村民委员会作为村民自治的执行机构其作出的决定自然应该受到作为权力机构的村民会议的监督。但是如何理解何为"不适当"的决定？一般认为主要指的是以下三种情形：一是决定与宪法、法律、法规和国家的政策相抵触，二是侵犯村民的人身权利、民主权利和合法财产权利，三是决定明显不符合本村实际情况。

4. 通过授权村民代表会议监督村民委员会及其成员。这主要是考虑到部分人数较多或者居住分散的村，召开村民会议有一定的困难，为避免村民会议的监督职能落空，而采取的变通方式。通过村民会议的授权，村民代表会议也享有了对村级事务的监督权。但是要注意的是，村民代表会议的监督范围、监督方式必须以授权为限，未授权的权力村民代表会议不得行使，由村民会议保留。

5. 通过监督村务监督机构人员来实现对村级事务的间接监督。根据村民委员会组织法的规定，村务监督机构承担着监督村务公开、村级财务管理等事项。为了使村务监督机构的职能有效落实，增强其工作的积极性，必须对村务监督机构自身也采取一定的制度约束。因此村民委员会组织法规定“村务监督机构成员向村民会议和村民代表会议负责”。不过，这项内容有待进一步细化，需要将“负责”的具体形式列明，比如接受村民会议评议或者向村民会议报告工作等。

三、村民会议的议事内容

在村民自治的范畴内，村民会议拥有对涉及村民切身利益的一切重大事务的讨论、决定权。村民会议讨论的内容主要涉及三方面：一是关系民主决策的事项，主要涉及对村级重大事务的最终决定权；二是村选举委员会、村务监督机构、村民委员会组成人员的推举或者罢免；三是对村民委员会和村务监督机构及其成员的监督、评议等。

根据村民委员会组织法的规定，村民会议讨论的事项具体包括以下几个方面的内容：

（1）村民委员会的设立、撤销、范围调整；

（2）推选村选举委员会组成人员；

（3）推选村务监督机构组成人员；

（4）罢免村民委员会组成人员；

（5）听取、审议村民委员会工作报告，评议村民委员会、村务监督机构成员；

（6）讨论决定涉及村民切身利益的事项，具体包括本村享受误工补贴的人员及补贴标准，从村集体经济所得收益的使用，本村公益事业的兴办和筹资筹劳方案及建设承包方案、土地承包经营方案，村集体经济项目的立项、承包方案，宅基地的使用方案，征地补偿费的使用、分配方案，以借贷、租赁或者其他方式处分村集体财产，村民会议认为应当由村民会议讨论决定的涉及村民利益的其他事项；

（7）制定、修改村民自治章程、村规民约等村级规范性文件；

（8）撤销或者变更村民委员会不适当的决定；

（9）撤销或者变更村民代表会议不适当的决定；

（10）十分之一以上的村民或者三分之一以上的村民代表提议。

四、村民会议的议事程序

（一）村民会议的召开形式

《中华人民共和国村民委员会组织法》第二十一条规定："村民会议由村民委员会召集。有十分之一以上的村民或者三分之一以上的村民代表提议，应当召集村民会议。召集村民会议，应当提前十天通知村民。"这条规定表明：村民会议的召开有两种方式，一是村民委员会根据工作需要召开；二是法定数量的村民或者村民代表提议召开。

村民会议一般由村民委员会集体主持。集体主持主要是指对村民会议的议题、议程、突发问题的处理等，应该集体讨论决定，不能搞村民委员会主任"一言堂"。集体主持有利于发扬民主、克服困难，有利于培养村民的民主意识，养成集体讨论问题、集体决策的良好议事习惯。当然，集体主持并不是村民委员会组成成员都担任会议主持人。村民委员会可以推荐或者指定一人或多人担任会议主持人。会议主持人只负责会场主持程序事务，对会议的议程等重要事项还是要和村民委员会其他成员商量后决定。值得一提的是，对于罢免村民委员会成员的村民会议，当事人应该予以回避，可以选择无利害关系的村民委员会其他成员主持，也可以是村务监督机构负责人或者其他成员主持，还可以由乡镇人民政府派员主持。

（二）村民会议召开的会前准备

1. 明确会议议题。村民委员会可以根据村务管理工作的实际需要确定会议主题；由村民或者村民代表提议召开的村民会议，由村民或者村民代表确定议题。

2. 确定会议形式。村民会议的具体形式一般根据会议议题确定。若为传达政策信息、通报工作情况、征集村民意见的会议，可以选择"三分之二以上的户代表”参加的会议形式；若涉及村民讨论决定、推举或者罢免有关人员等需要投票或者举手表决作出最终决定的事项，则需要采取“有本村十八周岁以上村民的过半数”参加的会议形式。

3. 准备会议用品。包括收拾会议场地、会标、张贴会议标语、文稿材料、桌椅板凳、会议记录本、投票箱等。

4. 发出会议通知。召集村民会议，应当提前十天通知村民。具体通知形式可以选择口头告知或者广播通知的形式，也可以选择张贴书面通知的形式。通知内容包括会议主题、参会人员、时间、地点等。

5. 布置会场。包括悬挂会标、设置主席台、放置台签、摆放话筒、测试音响设备等。

（三）村民会议的流程

1. 主持人指定专人清点参会人数并向大会报告，在人数符合法律规定的情况下宣布开会。也就是应当有本村十八周岁以上村民的过半数，或者本村三分之二以上的户代表参加，方为有效。

2. 主持人宣布会议纪律要求和注意事项，通报参会人员、列席人员等人员名单。

3. 主持人宣布会议议题、报告会议议案。因工作需要召开的会议，由村民委员会指定一人向村民会议报告会议议案；村民或村民代表提议召开的，应该在提议人中选择一人作为代表向大会报告议案。

4. 会议讨论。讨论时可以以村民小组为单位，也可以就近分组讨论。讨论过程要充分发扬民主，允许村民表达不同观点，允许村民对不明白的问题进一步提问；讨论过程中，可以设置互动环节，由村民和报告人采取提问、解答的方式交流看法。

5. 村民表决。可以根据实际情况，选择表决方式。若分歧较小，可以采取举手表决方式；对分歧较大的，可以采取无记名投票的方式进行。根据法律规定，村民会议所作决定应当经到会人员的过半数通过方为有效。

6. 主持人进行会议总结，宣布表决结果、会议决定等。

7. 主持人宣布会议结束。

（四）村民会议的会后工作

村民会议结束后，应该及时将会议通过的决定、决议、表决结果形成文字，通过会议公告、村务公开等形式向全体村民公布。需要向乡镇政府备案的，要及时提交。另外，对会议资料要尽快整理、归档，形成必要的会议记录，以便以后查阅。

第四节　村民代表会议

村民代表会议制度源于基层群众的创新实践。20 世纪 80 年代，河北省正定县南楼村通过不定期地组织老党员、老干部、老村民等召开民主改革会，帮助村民委员会决策。这就成为了村民代表会议的早期形态。在不断发展中，南楼村开始探索由十户左右村民联合推选一位代表组成正式的村民代表会。村民代表会在村民大会不便召开的情况下，定期举行会议，对村中的重大事务进行民主决策。在此之后，河北省青县对村民代表会议制度进行了进一步的探索与创新。在青县，村民代表会议享有村级事务的决策权和监督权，村民代表会议的主席由村民代表选举产生。村党组织负责人竞任村民代表大会主席，党员竞选村民代表，最终形成“党支部领导、村民代表会议做主、村民委员会办事”的村治模式，实现了党的领导、村民当家作主、依法办事的有机结合。基层群众的创新实践获得了国家立法的认可并加以规范。

一、村民代表会议召开的条件

《中华人民共和国村民委员会组织法》第二十五条规定：“人数较多或者居住分散的村，可以设立村民代表会议，讨论决定村民会议授权的事项。”从这条规定可以看出，村民代表会议不是村庄政治生活的必备形式，也不是村民会议的常设机构，更不是村民自治的专门监督机构，其只是在特殊情况下村民会议的补充形式，人口较少或者居住集中的村，没有必要召开。具体说来，召开村民代表会议主要有两种情况：

一是人数较多的村。但是到底有多少人的村算人数较多，法律并没有具体规定，各地可以根据本地区的人口密度、居住状况等情况自主确定。一般而言，100 户以上的村即属于人口较多的村。

二是居住分散的村。这主要是指在山区、边疆地区的村。由于其自然条件、交通条件等因素，决定了召开全村性的村民会议确实存在困难。

以上两种情况并不需要同时具备，只要具备其一就可以组织召开村民代表会议。但是到底是否符合上述两类情况，只能由各地的地方性法规或者村民会议来决定，其他组织和个人无权作出判断。实践中，有的村人口虽然较多，但居住比较集中、交通条件较好、村民参与村庄政治生活的积极性较强。而有的村虽然居住较为分散，但人口不多，交通便利。这些村庄，在召开村民大会比较方便的情况下，就没有必要单独组织村民代表会议。

村民会议和村民代表会议在民主属性上有着本质的区别。村民会议是村民自治的最完整体现，属于直接民主的范畴。而村民代表会议本质上属于间接民主。召开村民代表会议的出发点是解决人口较多或者居住分散的村庄村民依法行使村民自治权利而作出的变通规定。在实践中，应该防止出现通过召开村民代表会议来取代、架空村民会议的现象。能召开村民会议而不召开，实际上是对村民自治权利的一种侵犯，必须予以纠正。

二、村民代表会议的组成人员

《中华人民共和国村民委员会组织法》第二十五条规定："村民代表会议由村民委员会成员和村民代表组成，村民代表应当占村民代表会议组成人员的五分之四以上，妇女村民代表应当占村民代表会议组成人员的三分之一以上。村民代表由村民按每五户至十五户推选一人，或者由各村民小组推选若干人。村民代表的任期与村民委员会的任期相同。村民代表可以连选连任。"根据以上规定，我们可以看出以下几点：

第一，村民代表会议的组成形式是混合式的，即包括村民委员会组成人员和村民代表两部分。村民代表是村民代表会议的主体，其在村民代表会议组成人员中应该占到五分之四以上，这实际上防止出现因为村民代表所占比例太小而导致村民委员会对村民代表会议的控制现象。

第二，在村民代表的组成结构上，法律需要作出必要规定。村民代表会议的组成人员要具有充分的代表性，这就需要兼顾代表的年龄、职业、性别、民族等因素。村民委员会组织法规定："妇女村民代表应当占村民代表会议组成人员的三分之一以上。"这有利于保障村庄中妇女的自治权利，防止女性代表比例过低的现象发生。

第三，村民代表的人数问题。由于各地在村庄户数、人口数和居住条件上存在较大差异，规定统一的数额显然不太现实。综合考虑村民代表数、户数、人口数之间比例是确定代表数量的可靠选择。一名代表代表的人口数或者户数少，有助于方便代表与村民之间的交流，但是也会导致会议召开困难、作出决策难度加大的问题；反之，则会导致村民代表会议缺乏代表性，不利于村民真实意思的表达。现行法规确定了一个标准，即按每五户至十五户推选一人。在实践中，有些省、自治区、直辖市的地方性法规作出了明确的规定，如湖北省规定，"村民代表总人数不少于二十五人，一般不超过五十人。其中，妇女村民代表应当占村民代表会议组成人员的三分之一以上。"

第四，村民代表的产生方式。村民委员会组织法规定了两种产生方式：一是以每五到十五户推选一人；二是由各村民小组推选若干人。湖北省规定："村民代表应当是本村登记参加选举的村民，其产生方式可以由村民按每五户至十五户推选一人，也可以由各村民小组按分配名额推选。"无论采取哪种推选方式，村民代表都必须对推选其为代表的户或者村民小组负责。

第五，关于村民代表的任期。村民委员会组织法对此作了统一的规定："村民代表的任期与村民委员会的任期相同。村民代表可以连选连任。"这样规定既有利于促进村民代表在当选期间积极履行代表职责，又有利于将真正有代表能力的村民留下来，长期代表村民利益。

第六，村民代表的职责。村民代表有这样几方面职责：模范地遵守宪法、法律、法规，带头学习党和国家有关的农业、农村、农民的政策文件并积极向村民宣讲、释疑；及时反映推选户或村民小组的意见、建议和要求；支持村民委员会的工作并协助其完成村务管理任务；按时参加村民代表会议，参与村务的决策、管理和监督；传达并带头执行村民会议、村民代表会议的决议。

三、村民代表会议的职权

村民代表会议在性质上属于村民实现间接自治的组织形式，是在村民会议不便召开的特定条件下或者在村民会议闭会期间，受村民会议的委托，议决村民会议授权事项的组织机构。因此，村民代表开会讨论的事项来源于村民会议的授权，其自身没有独立的职权，其行使村民会议授予的权力。也就是说村民代表会议的职权范围即是村民会议授权的范围，不能越权。村民代表开会决定的事项也不得同村民会议的决定相抵触，村民会议有权撤销与村民会议的决定相抵触或者越权作出的或者是不适当的决定。

对于村中的一些重大问题，不适宜召开村民代表大会决定，而应该召开村民会议来讨论解决，以便充分听取村民意见，维护绝大多数村民的利益。这些事项包括：村民委员会的设立、撤销、范围调整，制定村经济社会发展规划，制定村规民约和村民自治章程等。

四、村民代表会议的召开程序

（一）召开时间

村民代表会议的召开时间，有两种规定：一是定时召开，即每季度召开一次；二是随时召开，这种情况主要针对有五分之一以上的村民代表提议的情况。

（二）会议召集

村民委员会组织法规定，村民代表会议的召集由村民委员会负责，这一点与村民会议的召集是相同的。村民委员会可以根据工作需要或者根据村民代表的提议组织召开。

（三）会议流程

村民代表会议的会议流程与村民会议基本一致，在此不多做赘述。需要强调一点的是，村民代表会议的召开必须有三分之二的代表参加，方为有效。在表决阶段，应当经到会人员的过半数同意方视为通过。

第五节　民主决策创新案例

对村级重大事务进行民主决策是村民委员会组织法赋予广大村民的一项重要民主权利。但是由于各地情况的复杂性、差异性，依靠召开村民会议或者村民代表会议的形式实现民主决策，在有些地方存在着成本太高、召开不便的问题。为解决村民参与民主决策的现实问题，实现村民真正意义上的当家作主，各地在遵守宪法法律的前提下，大胆探索，创立了一些不错的民主决策新形式。下面摘录有关的媒体报道如下，供大家参考学习。

一、“五议五公开”制度

湖北省：“五议五公开”的议事决策机制[①]

湖北省委、省政府将村务公开民主管理工作作为贯彻落实科学发展观，构建农村和谐社会的一项重要工作来抓，加强领导，强化措施，开拓

① 整理自监察部网站《湖北：扎实推进村务公开　构建农村和谐社会》http：//www. mos. gov. cn/mos/cms/html/3/42/201209/21482. html。

创新，扎实工作，工作领域不断拓展，载体不断丰富，制度体系不断完善，取得较为明显的成效。

村务公开和民主管理制度化、规范化水平不断提升。湖北省村务公开和民主管理协调小组各成员单位单独或联合出台30多个政策性文件，对农村基层党风廉政建设、议事决策程序、村“两委”换届选举、村级民主监督等作出明确规定。及时修订了《湖北省村民委员会选举办法》，充实完善了《湖北省村务公开目录》，《进一步加强和规范村务监督委员会工作的意见》即将出台。全省农村基层组织普遍建立了村民会议和村民代表会议制度，健全和完善了村民自治章程和村规民约，建立了“五议五公开”的议事决策机制，即对村重大事务决策和办理按照“村民建议、村党组织提议、村‘两委’商议、党员大会审议、村民会议决议”和“提议事项公开、审议程序公开、决议结果公开、实施方案公开、办理结果公开”的程序组织实施。

村务公开民主管理工作深入推进。湖北省所有行政村都建立了村务公开栏，条件好的村还把村务公开栏建到了小组，村务公开实现了全覆盖。在民主决策方面，各地普遍建立了村“两委”联席会议、村民会议、村民代表会议、村民代表联系户等制度，重大事项推行“五议五公开”工作法，使议案的提出、受理、议定、实施，逐步走上规范化、程序化的轨道。在民主管理方面，村民自治章程、村规民约逐步得到完善，村民民主理财、村干部工作移交、“三资”清理等逐步得到规范。在民主监督方面，抓住2011年全省第八届村委会换届选举的契机，在全省范围内设立村务监督委员会，进一步加强民主评议村干部、农村集体财务审计监督等制度的落实。

“难点村”治理工作取得明显成效。通过建立领导责任制，坚持分类治理，加大投入，加强督导，“难点村”治理成效明显。截至2011年年底，全省排查出的1080个“难点村”均得到了全面有效的治理。全省累计投入治理资金5.35亿元，新建、改扩建了724个村的村委会工作服务用房；修建通村和通村小组公路3281公里；改造中低产田2.57万亩；改建厕所6700个；新建沼气池23583个；新修泵站216个，解决了440个村的

“吃水难”问题，使广大村民得到了实惠。

依法推进民主选举工作成效突出。湖北省始终把加强党的领导、充分发扬民主、严格依法办事贯穿换届选举的全过程，切实选好配强村“两委”班子。积极探索创新，全面推行候选人竞职承诺、创业承诺、廉政承诺和辞职承诺的“四项承诺”制度，市、县建立了选举观察员制度。部分地方探索实行了村党组织“两推一选”、“公推直选”，村委会“一票制”选举方式，取得了简化程序、节约成本、扩大民主的良好效果。一大批思想政治素质高、致富带富能力强、群众公认的优秀人才被选进村“两委”班子，农村干部队伍结构进一步优化，责任意识、发展意识进一步增强，实现了“群众满意、组织满意、和谐稳定”的目标。

农村基层组织建设切实加强。2010年以来，湖北省着力加强和改进新形势下农村基层组织建设，新建或改扩建村级服务中心2400多个，全省有643个乡镇、3919个村开展了农村社区建设的试点工作。大力实施“一村一名大学生计划”，选派4495名高校毕业生到村任职，村干部整体文化水平得到提高。发展壮大村级集体经济，截至2011年年底，全省集体经济年纯收入超过5万元以上的村达21577个，占行政村总数的84.4%。省财政每年列支500万元培训经费，对全省村主职干部进行轮训。建立了村干部工作报酬正常增长机制，省政府为在职的村主职干部办理基本养老保险，部分县市为在职的村副职干部办理了基本养老保险。

探索创新取得可喜成绩。指导各地坚持因地制宜、与时俱进，积极推进村务公开民主管理体制机制创新。如，宜都市坚持村务决策“民主议事恳谈会”制度；钟祥市推行“六字合章”民主理财模式；秭归县杨林桥镇按照“地域相近、产业趋同、利益共享、规模适度、群众自愿”的原则，开展农村社区建设，推动了农村公益事业的发展，激发了村民自治的活力，等等。2012年6月，武汉市新洲区、十堰市竹山县、宜昌市夷陵区、襄阳市樊城区、荆州市石首市5县（市、区）被全国村务公开协调小组命名为“全国村务公开民主管理示范单位”。

二、“四议五公开一监督”

安徽合肥市庐阳区：“四议五公开一监督”①

为进一步扩大基层党内民主，提升基层民主管理水平，确保村（居）级重大事项由村居民说了算，安徽省合肥市庐阳区积极探索建立村（居）重大事项“四议五公开一监督”工作制度，不断推进阳光村务工程向科学民主化发展。

“四议”注重“科学民主”，做到让党员群众有机会说话、能说上话

“支部提议好，体现党领导；‘两委’商议到，决策科学了；党员审议清，完善要补充；代表决议行，公正又透明……”一首脍炙人口的歌谣生动再现了“4+5+1”工作法具体执行后，给全区广大村（居）带来的喜人变化。海棠街道藕塘社区在开展创先争优活动中，社区党员、群众、居民代表和居民理事会共向社区党总支提出5项重大事项提案，按照村级重大事项必须通过“四议”流程进行决策，在第二个环节——党组织提议中，群众提出的“万大郢回迁就地安置”的提案和社居委提出的建设社区服务中心的两个提案，前一个因涉及道路建设、城市规划等被否决；后一个因涉及村级举债风险太大被否决。在第四个环节——党员审议环节，社委会提出的“硬化绿化社区大院大门”的提案，因挤占村集体经济收入被否决。最后只剩下2个重大事项提案提交村民代表会议顺利表决通过后执行。

目前，在庐阳区凡是涉及集体资产管理、土地的承包、租赁，土地征用及补偿分配、道路建设及维修4大类23项村（居）重大事务和村（居）群众自身利益的事项，必须按照“4+5+1”工作法程序实施。

“公开”体现“阳光操作”，努力让居民群众想知道什么就公开什么

各村（居）委会在醒目位置都把“4+5+1”工作法的操作流程、组

① 摘编自中国共产党新闻网《安徽庐阳：“四议五公开一监督”工作法推进阳光村务工程》http://dangjian.people.com.cn/GB/14168811.html。

织结构、决策内容及政务公开等各项制度制作成版面，规范上墙，让群众想知道什么就公开什么，使群众都明明白白，被形象称之为“阳光公开图”。2010 年 5 月 20 日，一场暴雨使杏花村街道林店社区许岗和倪郢居民组 1300 米的村道变得泥泞不堪，给 1400 名群众的生产生活造成了很大的不便，特别是给学生上学造成很大的困难。社区“两委”及时召开会议，按决议修建。通过街道招投标中心确定施工单位，及时在社区显目位置公开公示中标单位的资质、预算金额、施工方案、竣工期限、责任人等，促使经费比前期预算减少了 8 万元。

对“四议”通过的重大事项决议、实施方案、过程、结果、群众评议五个环节进行公开，及时在社区党（居）务公开栏公示，公示时间不少于 7 天。充分发挥村（居）务公开监督小组和民主理财小组的作用，对进度、效果等进行全程监督、检查，民主理财小组负责对“4 + 5 + 1”工作法通过的村（居）级重大事项的实施情况进行审核把关，并及时向群众公开。

“监督”作为“第三只眼”，能够让居民群众看得见、摸得着

在全区 101 个村（居）普遍建立起监督委员会和民主理财委员会，配套建立完善了党员联系群众制度、村（居）民代表联系户制度、信息反馈机制、责任追究制度等 8 项制度。对村（居）内关系群众切身利益的重大事项，必须开展“两个征询”，充分征询党员、部分村（居）民代表的意见，征询专业人员的意见，让群众看得见、摸得着。园艺场社区祝郢 80 亩藤稔葡萄园地，是本地农户私人承包地，承包费交给社区管理。现居民提议，要求将园地承包费用返还。在社区居务监督委员会监督下，由社区党支部通过“四议五公开”，一致同意将祝郢 80 亩园地的承包费用返还给当地农户，由此祝郢 30 户百姓平均每年增加 1200 元。

“四议五公开一监督”的推行以来，庐阳区基层工作走出了决策不规范、办事不透明、干群不融洽的阴影，群众参与决策、监督决策、检验决策意识变强了。目前，全区 35 件重大事项得以落实，完成道路柏油化建设 32 公里，村集体经济增收 152 万元，为 761 办理失地农民社保，化解各类矛盾纠纷 20 余件。

三、“4 +2”工作法

河南邓州：“4 +2”工作法[①]

自2005年开始，河南省邓州市创造性地提出并实践了“4 +2”工作法，把农村经济社会发展的主要工作纳入一套简单实用的议事决策程序，走出了一条加强农村基层组织建设和民主政治建设的新路子，广受干部群众好评。

“4 +2”工作法，就是所有村级重大事项都必须在村党组织领导下，按照“四议”、“两公开”的程序决策实施。“四议”即党支部会提议、“两委”会商议、党员大会审议、村民代表会议或村民会议决议；“两公开”即决议公开、实施结果公开。

对进入决策程序的村级重大事项，按照“4 +2”工作法的“四议”步骤组织实施：

1. 村党组织会提议。村党组织在广泛听取意见、认真调查论证的基础上，集体研究提出初步意见和方案，使提议符合中央和省、市有关政策及要求，符合本村发展实际，符合群众意愿。

2. 村“两委”会商议。根据村党组织的初步意见，组织“两委”班子成员充分讨论，按照少数服从多数的原则形成商议意见。

3. 党员大会审议。对村“两委”商定的重大事项，提交党员大会讨论审议。召开党员大会前，须把方案送交全体党员充分酝酿并征求村民意见；党员大会审议时，到会党员人数须占党员总数的2/3以上，审议事项经应到会党员半数以上同意；党员大会审议后，村“两委”要认真吸纳党员的意见建议，对方案修订完善，同时组织党员深入农户做好方案的宣传解释工作。

4. 村民代表会议或村民会议决议。党员大会通过的事项，依照有关法

① 整理自《解读“四议两公开”工作法》，《河南日报》，2009年11月9日。

律、法规规定，在村党组织领导下，由村民委员会主持，召集村民代表会议或村民会议表决。参加会议人数必须符合法律规定，讨论事项必须经全体村民代表或到会村民半数以上通过。

坚持全过程实行公开监督。按照“4+2”工作法的“两公开”，实行：

1. 决议公开。经村民代表会议或村民会议决议通过的事项，一律在村级活动场所和各村民小组村务公示栏公告，公告时间原则上不少于7天。

2. 实施结果公开。决议事项在村党组织领导下由村民委员会组织实施，实施中由村务监督委员会进行全程监督，并定期向村民或村民代表会议通报实施情况。决议事项完成后，实施结果及时向全体村民公布。

“4+2”工作法如一剂良药，畅通了干部群众的心气、理顺了民主管理的脉络、增强了基层组织的体魄、健壮了新农村建设的骨骼，在实践中被广大农民群众所接受，全省农村迅速掀起了推广“4+2”工作法的热潮，并探索出了各具特色的新形式、新做法、新机制，极大地推动了农村经济社会的发展。目前，全省已有一半以上的行政村制定了集体经济发展规划，8000多个行政村确立了自己的特色产业，引进了大量投资项目，解决热点难点问题8万多个。

一是提高了村级管理水平。“4+2”工作法的推广与实践，转变了广大农村党员干部的思维模式、领导方式和工作方法，既增强了决策的合法性、合理性和可操作性，又保障了村民的知情权、参与权、表达权和监督权，让权力在阳光下运作，提高了党员干部领导科学发展的能力，使农村党组织成为推动科学发展、带领群众致富、密切联系群众、维护农村稳定的坚强核心。

二是融洽了农村干群关系。“4+2”工作法实现了让群众参与决策、监督决策、检验决策，赢得群众的广泛支持和认可，成为顺民意、谋民利、密切干群关系的“连心桥”。

三是理顺了农民群众心气。“4+2”工作法将民主贯彻到基层，使广大群众参与有渠道、管理有资格、诉求有回应、监督有保障，有效预防了权力的滥用乱用，有效化解了矛盾和问题。邓州市推行“4+2”工作法以后，农村信访量下降了74%，集体访、越级访下降了95%，被评为省“综合治理先进县（市）”。

四是鼓足了农民群众干劲。“4+2”工作法的核心内容，就是让群众成为基层民主政治建设的主体，村级事务让农民自己议、自己定、自己干，增强了农民群众的主人翁责任感，使广大农民群众的思想观念实现了由“被动旁观”向“主动参与”的转变，群众参与村级事务管理和产业发展的积极性空前高涨，为新农村建设注入了生机与活力。

五是加快了农村经济发展。“4+2”工作法的推广和运用，成为集民智、汇民力、推进农村经济发展的“加速器”，广大农民群众的干事热情得到充分调动，农村致富带头人不断涌现，各具特色的农村集体经济蓬勃发展，使广大农村走上了经济发展提速、农民发家致富的康庄大道。

四、民主恳谈会

浙江省温岭市：“民主恳谈”[①]

浙江省温岭市“民主恳谈”创始于1999年6月，最初在各镇（乡）、村等进行。其主要做法是村民委员会对重要村务事项作出决策时，必须先召开村民“民主恳谈会”，广泛听取村民意见，并对议案进行修正和完善后，再依法提交村民会议或者村民代表会议讨论通过，从而形成符合多数村民意愿的最终决策。通过几年的实践，“民主恳谈”这项新制度，不但解决了以前存在的村民委员会民主决策不够民主、决策方法缺乏新意的问题，而且也取得了以下几方面的成效：一是扩大了决策的民主程度，重大村务事项虽由村民代表会议讨论决定，但毕竟人数有限，很难代表多数村民的意见。把“民主恳谈”作为民主决策的前置程序后，大大提高了民主程度，所作的决策更能体现多数村民的意见。二是提高了决策的科学性。推行“民主恳谈”制度后，有更多的村民参与意见，必要时还邀请一些行

① 整理自民政部网站《全国村务公开和民主管理制度创新获奖项目简介》http：//zqs. mca. gov. cn/article/tzgg/200711/20071100004035. shtml；中国政府创新网 http：//www. chinainnovations. org/Item/23852. aspx。

家里手和专业人员参加讨论，大大提高了决策的科学性。三是有利于决策事项的顺利实施。推行“民主恳谈”制度后，对重大村务事项的决策更加民主、更加透明、更加科学，从而提高了村民群众对决策事项的认同感，实施起来也就更加顺利。四是增进了村民委员会的凝聚力。推行“民主恳谈”制度后，村民群众可以面对面与村干部对话，既拉近了干群之间的距离，也推进了村干部的民主作风。

2000 年 8 月，“民主恳谈”开始在全市各乡镇（街道）、村、社区、非公企业和市政府职能部门等各层次全面推开，“民主恳谈”的主题也由最初多为群众提出的与自己切身利益相关的问题转变为涉及村、镇、企业或全市的公益大事为主。随着时间的推移，以“群众出题目，政府抓落实”、“一期一主题”为基本形式的“民主恳谈”活动逐步朝制度化、规范化和程序化方向发展，并成为村、镇、企业和市职能部门作出重要事项决策的必经程序。

温岭市“民主恳谈”为广大人民群众直接参与基层社会公共事务的决策和管理提供了渠道。“民主恳谈”的参与主体是广大人民群众，他们可以自愿参加、自由发表意见和建议。他们的意见和建议影响着党委、政府的决策。它为广大人民群众民主监督村、镇、企业和市政府职能部门的决策提供了途径。在决策时，把相关问题交给参加“民主恳谈会”的群众进行讨论，出点子，使得决策透明化、科学化，为广大人民群众对各层级决策进行民主监督提供了便利。原来的“暗箱操作”、“拍脑门”、“少数领导拍板”的决策方式变成了集思广益的“阳光决策”，原来单方面的决策行为变成了双方的互动合作。

“民主恳谈”扩大了基层民主，为基层社会的民主管理、民主监督和民主决策提供了一种新形式。具体来说，它的绩效主要表现在：扩大了群众对公共事务的参与度、知情度，增加了广大人民群众在决策中的发言权，提高了他们参与热情和民主意识；增强了决策部门的决策科学性，降低了决策成本，减少了决策失误带来的风险。经“民主恳谈”作出的决策更容易得到群众的支持，更容易贯彻执行；加强了决策者和群众之间的沟通与交流，融洽了干部与群众的关系，转变了各级干部的工作作风，化解了矛盾，维护了社会稳定。

温岭市“民主恳谈”还在不断的深化和探索之中，以下三个问题有待进一步探讨：一是如何正确处理“民主恳谈”与乡镇人民代表大会、村民代表会议的关系；二是如何将“民主恳谈”与基层人大工作结合，推动基层人大更好地发挥作用；三是如何提高“民主恳谈”的效益问题，包括活动的组织过程、参与者的确定问题以及如何监督“民主恳谈”后的落实情况等。

“民主恳谈”的议题与人民群众的利益直接相关，无论是主题的选择和确定、决策的过程和执行，都必须将维护和实现人民群众的利益作为根本出发点和落脚点，否则，“民主恳谈”不会具有持久的生命力。对于全国各地来说，温岭市“民主恳谈”对于基层社会公共事务的民主管理、民主决策、民主监督，推动基层社会的民主治理都具有重要的借鉴意义和推广价值。

第五章　民主管理

民主管理是村民自治的重要实现形式。人民依法直接行使民主权利，管理基层公共事务和公益事业，实行自我管理、自我服务、自我教育、自我监督，是人民当家作主最有效、最广泛的途径。在村民自治过程中，广大村民依据自己制定的村民自治章程或者村规民约自己管理自己，正是村民当家作主的生动体现。

第一节　村级民主管理概述

一、村级民主管理的含义

村级民主管理是指广大村民依据国家法律、法规和有关政策，在充分考虑本村实际的前提下，共同讨论、制定村民自治章程或村规民约，并通过村民委员会等村庄内部组织，采取各种民主方式，管理本村所有公共事务的活动。村级民主管理是村民自治的重要组成部分和主要内容之一。

村级民主管理的管理主体具有特殊性。它是建立在全体村民共同参与基础上的管理，村民既是管理者又是被管理者，既是管理主体又是管理对象，是管理者与被管理者的统一。

村级民主管理的管理形式具有特殊性。它区别于 20 世纪 50 年代行政村时期的行政命令式管理模式，也区别于六七十年代的人民公社体制之下只有干部管理群众、群众不管理干部的单向管理模式。村级民主管理说到底属于村民自治的范畴，实现了村干部与村民群众的双向约束、双向管理。

村级民主管理以相关管理制度的健全和完善为前提。村级民主管理实行的是依法管理、依法自治，村庄内部的各项管理活动必须在坚持社会主义法治的前提下进行。因此，在村级民主管理过程中，全体村民共同讨论并制定村民自治章程或者村规民约，作为管理活动的依据，是实施管理的前提和基础。建立健全村务公开和民主管理制度，实现村务公开和民主管理的规范化、制度化，使工作有序，办事有据，真正做到“有章理事”，这是做好农村工作的治本之策，也是使村干部适应新形势的需要、切实改进工作方法的重要措施。

村务公开是村级民主管理的重要载体和形式。村务公开要求村庄自治组织必须把涉及村民群众利益的公共事务和各项活动的具体情况，通过一定的形式和程序告知全体村民。村务公开是村民参与管理过程、实施村务监督的必备条件。村务公开是加强基层民主政治建设和党风廉政建设的一个基础性工作，其公开程度和实施效果也是村民群众评判村民自治效果的一个重要标志。

二、村级民主管理的原则

村级民主管理就是村民通过公开、公平、公正的组织渠道，参与管理村庄政治事务、经济文化事业的活动，其基本要求就是实现制度化、规范化的民主管理，说到底就是要实现党的领导、依法治国和村民当家作主的有机统一。在村级民主管理过程中必须坚持以下基本原则：

（一）坚持党的领导

《中华人民共和国村民委员会组织法》第四条规定：“中国共产党在农村的基层组织，按照中国共产党章程进行工作，发挥领导核心作用，领导和支持村民委员会行使职权；依照宪法和法律，支持和保障村民开展自治活动、直接行使民主权利。”因此在村级民主管理过程中，首先要做的就是充分发挥党组织的领导核心作用，使各项管理活动始终在村级党组织的组织、领导下扎实推进。要通过多种组织形式，将党组织的意图和思路体现在民主决策、民主管理、民主监督的各个环节，切实巩固和加强党在基层工作中的领导地位。

（二）坚持依法办事

《中华人民共和国宪法》第五条规定：“中华人民共和国实行依法治国，建设社会主义法治国家。”“一切国家机关和武装力量、各政党和各社会团体、各企业事业组织都必须遵守宪法和法律。一切违反宪法和法律的行为，必须予以追究。任何组织或者个人都不得有超越宪法和法律的特权。”在1998年中共中央办公厅、国务院办公厅发布的《关于在农村普遍实行村务公开和民主管理制度的通知》中也明确要求：“要以法律、法规和政策为依据，以实际、实用、实效为原则，建立健全村民会议、村民代表会议和党员议事会制度；村党组织、村民委员会按期换届选举制度；村党组织、村民委员会年终总结报告制度；民主评议党员、干部制度；财务管理、财务审计制度；财务公开、财务监督制度；村干部任期、离任审计制度等等。总之，凡是需要公开的村务工作和被列入民主管理范围的工作，都要依法建制，有制可依，按制办事。”因此，在村民自治过程中，必须严格按照法律、法规进行管理活动，依法决策村级事务，依法组织实施，引导群众依法行使民主权利，切实维护村集体利益和广大群众的合法权益，推进村级民主管理工作法制化、制度化、规范化。

（三）坚持发扬民主

切实保障广大村民的民主权利，进一步提高村民对村级事务的参与度。充分发挥群众在村庄管理中的主体作用，保护群众参与村级事务的积极性，虚心听取群众意见，真诚接受群众监督，使决策工作充分体现民意，努力实现村民当家作主。在管理村级事务的过程中，村民委员会应该积极调动广大村民参与村级事务管理的主动性、自觉性，切实扩大普通村民参与村级事务管理的范围和内容，并主动创造必要的便利条件，使村民更加主动地、便捷地参与到村级事务管理中来，充分实现村民在村级民主管理过程中的主体作用。正如中共中央办公厅、国务院办公厅《关于健全和完善村务公开和民主管理制度的意见》中要求的那样：“凡是与农民群众切身利益密切相关的事项，如村集体的土地承包和租赁、集体企业改制、集体举债、集体资产处置、村干部报酬、村公益事业的经费筹集方案和建设承包方案等，都要实行民主决策，不能由个人或少数人决定。”

（四）坚持务实管用

村级民主管理要一切从农村实际出发，尊重农村生产生活和社会发展特点和规律，围绕着有利于调动广大群众参与的积极性、创造性，以及推进村级事务决策的民主化、科学化的基本要求、突出重点、完善程序，努力形成一套既符合村庄实际又突出特色的村级事务民主管理体系。

三、村级民主管理的实现形式

根据村民委员会组织法和中共中央办公厅、国务院办公厅《关于健全和完善村务公开和民主管理制度的意见》的要求，为进一步完善民主管理制度，保障村民群众的参与权，应该从以下几个方面着手推进村级民主管理工作：

（一）制定和完善村民自治章程和村规民约

《中华人民共和国村民委员会组织法》第二十九条规定，村民委员会应当实行少数服从多数的民主决策机制和公开透明的工作原则，建立健全各种工作制度。村党组织、村民委员会要依据党的方针、政策和国家的法律、法规，组织全体村民结合实际讨论制定和完善村民自治章程、村规民约、村民会议和村民代表会议议事规则、财务管理制度等，明确规定村干部的职责、村民的权利和义务，村级各类组织的职责、工作程序及相互关系，明确提出对经济管理、社会治安、移风易俗、计划生育等方面的要求，用制度规范村干部和村民行为，增强村民自我管理、自我教育、自我服务的能力，增强干部群众的法制观念和依法办事能力。

（二）做好村务公开工作

《中华人民共和国村民委员会组织法》第三十条规定，村民委员会实行村务公开制度。村务公开要从村民群众普遍关心的和涉及群众切身利益的实际问题入手，凡属群众关心的热点问题，以及村里的重大问题都应向村民公开。如新上的经济项目，村里的财产和财务收支，征用土地和宅基地审批，计划生育指标，集体土地和经营实体的承包，救灾救济款物的发放，村干部年度工作目标、工资奖金和功绩过失情况及其他公共事务，等等。要随着形势的发展变化和村民的要求，及时调整、充实村务公开的内容，真正做到凡涉及群众切身利益的大事，都以一定形式向村民公开，接受群众的监督。

（三）做好村民委员会换届后的移交工作

上一届村民委员会应当在新一届村民委员会产生之日向新一届村民委员会移交公章，并于十日内办结办公设施、财务账目、资料档案、集体资产、未完工作的移交。移交的项目、数量、重要情况等应当详细记录并存档。移交工作由村民选举委员会主持，乡级人民政府监督。逾期不交接的，乡级人民政府应当督促交接或者由有关部门依法处理。移交过程中发现有重大问题的，村干部和村民可以向乡级人民政府或者纪检监察机关、人民法院、人民检察院等有关机关反映，受理单位应及时依法处理。

（四）做好村级财务管理

村民民主理财由村民民主理财小组代表村民进行，民主理财小组成员由村民会议或村民代表会议从村务监督机构成员中推选产生。民主理财小组向村民会议或村民代表会议负责并报告工作。民主理财小组负责对本村集体财务活动进行民主监督，参与制订本村集体的财务计划和各项财务管理制度，有权检查、审核财务账目及相关的经济活动事项，有权否决不合理开支。当事人对否决有异议的，可提交村民会议或村民代表会议讨论决定。村民有权对本村集体的财务账目提出质疑，有权委托民主理财小组查阅、审核财务账目，有权要求有关当事人对财务问题作出解释。对群众反映财务问题较多的村，县、乡党委和政府及有关部门要帮助其搞好财务清理整顿工作，解决存在的问题，建立健全财务管理和民主理财制度。制定和完善集体资产监管办法，防止集体资产流失，确保村集体资产保值、增值。

（五）规范农村集体财务收支审批

财务事项发生时，经手人必须取得有效的原始凭证，注明用途并签字（盖章），交民主理财小组集体审核。审核同意后，由民主理财小组组长签字（盖章），报经村党组织、村民委员会负责人审批同意并签字（盖章），由会计人员审核记账。经民主理财小组审核确定为不合理财务开支的事项，有关支出由责任人承担。财务流程完成后，要按照财务公开程序进行公开，接受群众监督。乡级人民政府及业务主管部门要对村级财务活动加强指导和监督。

四、村级民主管理的保障措施

为做好村级民主管理工作，有必要进一步加强对村务公开和民主管理工作的领导。具体说来，包括以下几个方面：

1. 加强组织领导。各级党委和政府要以求真务实的精神，把推进村务公开和民主管理作为关系农村改革、发展和稳定的一件大事来抓，并与增加农民收入、加强农村社会主义精神文明建设和党的建设等各项工作紧密结合起来，使之相互促进、共同提高。省级党委和政府要及时研究分析村务公开和民主管理工作情况，提出指导性意见。县级党委和政府要制定具体的实施意见，常抓不懈。要把推进村务公开和民主管理作为考核评比乡镇党委和农村基层组织建设的一项重要内容，通过严格考核，促进村务公开和民主管理制度的进一步落实。

2. 健全领导体制和工作机制。各地要建立健全党委和政府统一领导、有关部门共同参与、民政部门组织协调的领导体制和工作机制，并保证开展工作的必要人员和经费。各有关部门要在各自职责范围内支持和引导村党组织、村民委员会、村集体经济组织做好村务公开和民主管理方面的工作。共青团、妇联和计划生育协会要动员农村青年、妇女、计划生育协会会员积极参与村务公开和民主管理活动。村务公开协调机构要及时掌握工作动态，加强沟通和协调。新闻媒体要加强舆论引导和监督。要通过培育典型、示范引导、专项检查等多种形式，积极探索推进村务公开和民主管理的有效途径。

3. 明确县乡党委和政府的责任。健全和完善村务公开和民主管理制度，县、乡党委和政府是关键。要建立党政领导责任制，把村务公开和民主管理作为基层干部政绩考核的重要内容，并不断完善考核评价办法。要加大督促检查力度，及时受理群众来信、来访和申诉，及时化解社会矛盾，维护农村稳定。要加大培训力度，加强对新任村组干部、农村财会人员、民主理财小组成员和村民代表的培训，提高他们的政策水平和依法办事能力，使他们善于用说服的方法、示范的方法、服务的方法推动农村工作。要切实加强农村精神文明建设和思想政治工作。积极引导农民群众参与村务公开和民主管理的实践活动，在实践中学会正确行使民主权利。坚决制止利用宗教、宗族、家族势力干预基层经济社会事务管理的行为。

4. 充分发挥农村基层党组织的领导核心作用。要健全村党组织领导的充满活力的村民自治机制，把坚持党的领导、充分发扬民主、切实依法办事有机统一于农村社会主义民主实践之中。村党组织要领导和支持农民群众依法参与村级事务管理，监督村务公开和民主管理制度的落实，及时听取群众的意见，不断完善制度、改进工作。农村党员特别是党员干部要发挥先锋模范作用，尊重农民群众的民主权利，带头执行村务公开和民主管理制度。村民委员会、村集体经济组织和其他村级组织要在村党组织领导下，团结广大农民群众，齐心协力做好村务公开和民主管理工作，促进农村各项事业全面发展。

五、村级民主管理的意义

党的十八大报告指出，要完善基层民主制度，健全基层党组织领导的充满活力的基层群众自治机制，以扩大有序参与、推进信息公开、加强议事协商、强化权力监督为重点，拓宽范围和途径，丰富内容和形式，保障人民享有更多更切实的民主权利。可以说，发展社会主义民主政治，是我们党始终不渝的奋斗目标。扩大基层民主，保证人民群众直接行使民主权利，依法实行民主管理，是完善中国特色社会主义民主政治的重要内容。

农民是我们党在农村的依靠力量，也是我们国家政权最广泛、最深厚的群众基础。保护和发挥农民的积极性，历来是我们党取得革命和建设胜利的重要保证，也是推进社会主义现代化建设事业顺利进行的必要条件。实行村级民主管理，使农村工作逐步走上规范化和制度化的轨道，有利于发展农村基层民主，活跃农村基层民主生活，保障农民群众直接行使民主权利，进一步扩大人民民主；有利于充分调动广大农民群众建设社会主义新农村的积极性和创造性，维护农民群众的根本利益；有利于加强农村基层组织和党风廉政建设，强化党员和群众对干部的监督，密切党群干群关系；有利于引导农村干部依法建制、以制治村，正确执行党的群众路线和党的政策，按章办事，做好工作；有利于推进农村改革和发展，加快农村全面建成小康社会的历史进程。

第二节　村民自治章程和村规民约

中共中央《关于农业和农村工作若干重大问题的决定》指出，要“全面推进村级民主管理。依据党的方针政策和国家的法律法规，结合本地实际，全体村民讨论制定村民自治章程和村规民约，把村民的权利和义务，村级各类组织之间的关系和工作程序，以及经济管理、社会治安、村风民俗、婚姻家庭、计划生育等方面的要求，规定得明明白白，加强村民的自我管理、自我教育、自我服务。”《中华人民共和国村民委员会组织法》第二十七条规定：“村民会议可以制定和修改村民自治章程、村规民约，并报乡、民族乡、镇的人民政府备案。”

一、村民自治章程和村规民约的概念

村民自治章程是村民会议根据国家法律、法规和政策，结合本村实

际，制定通过的实行村民自治，村民实行自我管理、自我教育、自我服务的综合性规范，也可以说是村民自治中层次最高、结构最完整的一种规范性文件，被形象地称之为“小宪法”。村规民约是村民会议根据国家法律、法规和政策，结合本村的实际情况，讨论制定的某一方面的行为规范。

二、村民自治章程和村规民约的制定原则

村民自治章程和村规民约的制定必须坚持以下原则：

一是民主性原则。村民自治章程和村规民约的制定要充分发挥村民的自主性、创造性，集思广益，群策群力，由村民自己提出哪些事项需要纳入制定范围，在征求各方意见后，提交村民会议讨论通过决定。只有坚持民主性的原则，才能保证村民自治章程和村规民约切实得到村民群众拥护，保障实施取得良好效果。

二是合法性原则。村民自治章程和村规民约的制定程序和内容要合法。制定程序上要规范、民主，内容上不与国家的法律、法规、政策相抵触。在制定过程中，下列内容应该避免：与宪法、法律、法规和国家政策的规定相反，与宪法、法律、法规和国家政策的精神和宗旨相违背，超越了村民自治章程和村规民约以及村民会议或者村民代表会议的权限范围，规定了不适当的处罚措施。村民自治章程和村规民约保护和尊重村民人身权利、民主权利和合法财产权利，不得有侵犯村民合法权利的内容。

三是实用性原则。村民自治章程和村规民约的制定要从执行政策、遵纪守法、倡导文明、卫生整治、社会治安、计划生育、违规处罚等方方面面规范村民的行为，内容的确定要与村民的生产、生活密切相关。尤其是村民自治章程应该具有广泛性的特点，发挥“小宪法”的职能。村民自治章程和村规民约的制定要具有问题针对性，切实解决当前本村存在的突出问题，实现规范村民行为的目的。村民自治章程和村规民约要具有可操作性，便于理解，便于执行；违规处罚轻重适度，既不激化矛盾，又能通过处罚真正达到教育、警示、约束的作用。

三、村民自治章程和村规民约的制定程序

村民自治章程和村规民约都由村民会议制定通过。两者虽然在内容上有所不同，但在制定程序上大体相同，一般要经过以下几个步骤：

1. 宣传发动。村民是制定村民自治章程和村规民约的主体，因此必须让村民知道、理解并积极参与。要让村民了解清楚制定的目的、主要步骤、主要内容、实施执行等内容。村民委员会要在县、乡两级职能部门的指导下，利用广播、会议、村务公开栏等形式进行广泛宣传。村民委员会可以结合日常普法工作，向村民讲解涉及农村的法律政策，讲解村民自治章程和村规民约的性质、意义及与国家法律政策之间的关系。

2. 组建起草小组。作为民主管理村务的手段，村民委员会有责任主持抓好村民自治章程和村规民约的制定工作，但具体的起草任务并不由村民委员会来承担。为体现民意，起草村民自治章程和村规民约的班子应先由村民会议或村民代表会议民主推选产生。村民委员会可以确定专人负责组织和协调，为起草班子的工作提供便利。起草小组成立后，要尽快拟定工作时间表。

3. 草拟初稿。起草小组应根据工作时间表，及时向村民公告提出建议和意见的方法、程序及截止时间。在充分调查研究及广泛征求意见的基础上，参考其他村已经制定的村民自治章程和村规民约，先拟定本村村民自治章程和村规民约框架，确定本村需要规定的具体事项，再集中力量对村民提出的各种建议和意见进行分类梳理。经过反复比较、细致研究后，根据多数村民的意见拟出初稿。

4. 讨论修改。初稿完成后，起草小组应该将其提交给村“两委”、村民，由他们提出修改意见。在讨论修改过程中，起草小组要在村民自治章程和村规民约条文中尽量反映村民好的意见和建议。对于没有吸收的村民意见要进行必要的解释。

5. 审核把关。条件允许的地方，起草小组可以以村民委员会名义把村民自治章程和村规民约草案提交乡镇或县的基层司法部门，由他们就是否与法律规定相冲突问题提出意见。对有关部门指出的违反国家法律及政策

规定的草案条款，要予以改正，并及时向村民通报。

6. 表决通过。村民自治章程和村规民约由全体村民会议或者户代表会议表决通过，但是不能由村民代表会议表决通过。如果表决不能通过，起草小组要再次征求村民意见，修改后再行表决。

7. 乡镇备案。村民自治章程和村规民约经村民会议表决通过后，起草小组就算完成了工作任务，可以宣布解散。接下来，村民委员会要正式向乡镇政府送达备案文书。备案时应附有制定过程说明、起草小组人员名单及乡镇政府或县级基层司法部门出具的书面审核意见。

8. 公布实施。村民委员会通过会议、公告等形式向村民公布新的村民自治章程和村规民约，宣布其生效日期。在条件许可的情况下，也可以印刷成小册子，一户一册免费发放到村民家中，以备随时查阅。

四、村民自治章程和村规民约的内容

（一）村民自治章程的内容

一是村级组织方面。包括村民会议和村民代表会议的组成、职权和会议制度；村民委员会的具体产生办法、职责、工作制度和下设工作机构；村民小组的划分和村民小组组长的产生办法和职责；村干部的行为规范；村民委员会同村党组织、集体经济组织的关系等。

二是村民的权利和义务方面。村民享有的权利，如选举权、罢免权、监督权、知情权、批评建议权等；应当履行的义务，如遵纪守法、遵守村民自治章程和村规民约等。

三是经济管理方面。包括土地管理、承包费的收取使用、生产服务、财务管理、村办企业管理办法等。

四是社会秩序和精神文明建设方面。包括社会治安、村风民俗、邻里关系、婚姻家庭、计划生育等。

（二）村规民约的内容

各地制定的村规民约的种类很多，内容十分广泛，涉及农村基层社会生活的各个方面：

一是维护生产秩序的内容。如封山育林、护山护林，保护水利设施、合理用水，禁止乱放家禽、牲畜，禁止乱砍滥伐，保护生态环境等。

二是维护社会治安的内容。如遵纪守法、不偷盗、不赌博、不吸毒、不打架斗殴，维护社会公共秩序。

三是履行法律义务的内容。如响应国家号召服兵役，实行计划生育，爱护公物、爱护集体财产，并履行其他应尽的义务。

四是精神文明建设的内容。如提倡热爱祖国、热爱中国共产党、热爱社会主义、热爱劳动；讲礼貌、尊老爱幼、团结互助，帮助困难户，不虐待老人、妇女和儿童；讲文明、讲卫生，搞好环境美化绿化；学科学、学文化、移风易俗，反对封建迷信；积极参加各种公益活动。

五、村民自治章程和村规民约的执行、修改

村民自治章程和村规民约制定后，应该由村民委员会负责实施。这主要是由村民委员会作为村民自治组织载体的地位决定的，村民委员会也是村民会议的执行机构，对于村民会议通过的村民自治章程和村规民约，其理应执行。在村民委员会中，应该有专人负责分管村民自治章程或者村规民约的执行工作，定期将执行情况、执行中遇到的问题整理汇总向村民委员会、村民代表会议、村民会议报告，接受审议和监督。

根据《中华人民共和国村民委员会组织法》第三十八条的规定，驻在农村的机关、团体、部队、国有及国有控股企业、事业单位及其人员虽然不参加村民委员会组织，但应当通过多种形式参与农村社区建设，并遵守有关村规民约。可见，驻村单位和个人虽然不属于本村组织或者村民，但其也应该接受村民自治章程和村规民约的约束。

村民自治章程和村规民约制定之后，在保持其相对稳定的同时，还需要根据实际情况，适时修订、完善。在实践中证明是行之有效的，要继续坚持；证明是错误的或者是不适当的，要及时修正；遗漏的或不周全的，要及时补充；过时的、失去意义的要删去；新出现的内容，要及时增加。村民委员会组织法规定了村民自治章程或村规民约可以修订，但是对于修

订时间、修订程序并没有明确规定。一般而言，村民自治章程和村规民约修改周期应该是与村民委员会换届同步，特殊情况下，可以随时修改。但无论何时修改，都必须注意村民自治章程和村规民约的修改权只有村民会议可以行使，其修改程序和制定程序是一致的，必须通过村民会议半数以上通过，并加以公布并报乡镇政府备案。

第三节　村务公开

近年来，随着农村经济社会的不断发展和基层民主政治建设的扎实推进，村民群众的民主意识、权利意识、法律意识进一步增强，村民群众参政议政的积极性日益高涨，对村级事务的关注度不断提高，从而使村务公开成为群众关心的热点问题。

一、村务公开的内容

《中华人民共和国村民委员会组织法》第三十条第二款规定，村民委员会应当及时公布下列事项，接受村民的监督：本法第二十三条、第二十四条规定的由村民会议、村民代表会议讨论决定的事项及其实施情况；国家计划生育政策的落实方案；政府拨付和接受社会捐赠的救灾救助、补贴补助等资金、物资的管理使用情况；村民委员会协助人民政府开展工作的情况；涉及本村村民利益，村民普遍关心的其他事项。可见，实行村务公开，就是要从农民群众普遍关心和涉及群众利益的实际问题入手。凡属群众关心的热点问题以及村里的重大问题，都应向村民公开。根据本条的规定，村务公开的内容包括以下几个方面：

第一，村民会议、村民代表会议讨论决定的事项及其实施情况。包括村民会议或者村民代表会议审议村民委员会的年度工作报告，评价村民委员会成员的工作的情况；村民会议或者村民代表会议撤销或者变更村民委员会不适当的决定的情况；村民会议撤销或者变更村民代表会议不适当的决定的情况；本村享受误工补贴的人数及补贴标准；从村集体经济所得收益的使用；本村公益事业的兴办和筹资筹劳方案及建设承包方案；土地承包经营方案；村集体经济项目的立项、承包方案；宅基地的使用方案；征地补偿费的使用、分配方案；以借贷、租赁或者其他方式处分村集体财产；村民会议认为应当由村民会议讨论决定的涉及村民利益的其他事项，比如土地征用补偿及分配、农村机动地和“四荒地”发包、村集体债权债务、村内“一事一议”筹资筹劳、新型农村合作医疗等。只要是农民群众要求公开的，都应该及时纳入村务公开的范围。凡涉及上述事项的，村民委员会应当将村民会议或者村民代表会议讨论通过的方案予以公布，由村民监督执行；村民委员会组织实施村民会议或者村民代表会议的决定后，应将实施情况及时公开，接受村民的监督。

第二，国家计划生育政策的落实情况。我国是一个人口大国，计划生育是我国的基本国策。村民委员会作为基层组织，负责计划生育政策的具体落实，应当及时公布相关情况，接受群众监督。

第三，政府拨付和接受社会捐赠的救灾救助、补贴补助等资金、物资的管理使用情况。村民委员会受政府和社会的委托，负责农村救灾救助款物和补贴补助的发放工作。发放救灾救助款物和补贴补助必须做到对象、条件、数量“三公开”，接受村民群众的监督。

第四，村民委员会协助人民政府开展工作的情况。包括具体工作的事项、时间、地点、经费及完成情况等。

第五，涉及村民利益、村民普遍关心的其他事项。例如，村民委员会及其成员的工作情况，在本村影响较大的民间纠纷的调解情况，以及村民要求公开的其他事项。

此外，为了加强对农村集体经济组织财务活动的管理和民主监督，促进农村经济发展和农村社会稳定，2011年农业部、监察部联合下发了《农村集体经济组织财务公开规定》，要求村民委员会或者村集体经济组织应当将其财务活动情况及其有关账目，以便于群众理解和接受的形式如实向全体成员公开，接受成员监督。根据上述规定，村级财务公开的内容包括：

1. 财务计划。如财务收支计划、固定资产购建计划、农业基本建设计划、公益事业建设及“一事一议”筹资筹劳计划，集体资产经营与处置、资源开发利用、对外投资等计划，收益分配计划，经村集体经济组织成员会议或成员代表会议讨论确定的其他财务计划等。

2. 各项收入。包括产品销售收入、租赁收入、服务收入等集体经营收入，发包及上交收入，投资收入，“一事一议”筹资及以资代劳款项，村级组织运转经费财政补助款项，上级专项补助款项，征占土地补偿款项，救济扶贫款项，社会捐赠款项，资产处置收入，其他收入等。

3. 各项支出。包括集体经营支出、村组（社）干部报酬等，报刊费支出，办公费、差旅费、会议费、卫生费、治安费等管理费支出，集体公益福利支出，固定资产购建支出，征占土地补偿支出，救济扶贫专项支出，社会捐赠支出，其他支出等。

4. 各项资产。包括现金及银行存款、产品物资、固定资产、农业资产、对外投资、其他资产等。

5. 各类资源。包括集体所有的耕地、林地、草地、园地、滩涂、水面、“四荒地”、集体建设用地等。

6. 债权债务。包括应收单位和个人欠款、银行贷款、欠单位和个人款、其他债权债务等。

7. 收益分配。包括收益总额、提取公积公益金数额、提取福利费数额、外来投资分利数额、成员分配数额、其他分配数额等。其内容主要包括：财务计划及其执行情况、各项收入和支出、各项财产、债权债务、收益分配、代收代缴费用、水电费、“一事一议”筹资筹劳情况以及群众要求公开的其他财务事项。

二、村务公开的程序

村务公开一般按照以下程序进行：

第一，由村民委员会根据法律、法规和本村实际，提出公开方案和公开内容；

第二，由村务监督机构对公开方案和公开内容进行审核把关，对需要补充的地方进行补充完善；

第三，由村民委员会提交村“两委”联席会议讨论确定；

第四，选择适当形式向全体村民公开；

第五，村民委员会对村民提出的意见与建议给予解释和答复；

第六，村民委员会对村务公开资料进行整理归档并妥善保管。

三、村务公开的基本要求

根据中共中央办公厅、国务院办公厅《关于健全和完善村务公开和民主管理制度的意见》的要求，村务公开的事项要简洁明了，便于群众了解。公开的形式和方法可根据实际情况因地制宜、灵活多样。各地农村应坚持实际、实用、实效的原则，在便于群众观看的地方设立固定的村务公开栏，同时还可以通过广播、电视、网络、“明白纸”、民主听证会等其他有效形式公开。特别是要推进村务事项从办理结果的公开，向事前、事中、事后全过程公开延伸。要充分利用现代科学技术，不断创新村务公开的有效形式和手段。

实行村务公开，一要做到及时。需要公开的事项要尽早向村民公开，也可以采取定期的形式，具体有三种情形：对于一般事项，应当至少每季度公开一次，当然也可以一个月或两个月一次，至多不超过三个月。有些时间较长的事项，可以每完成一个阶段即公布一次进展情况。集体财务往来较多的，为确保财务公开的及时性和有效性，其财务收支情况应当每月公布一次，接受群众监督。对于涉及村民利益的重大事项，应当随时公布。二要做到内容真实。村务公开的内容要真实可靠，有凭有据，不得谎报、虚报、瞒报。村民对于公开的内容，有权进行查询，村民委员会应当自觉接受查询。村务公开后，村民委员会要广泛听取群众意见，对群众提出的疑问，要在十日内作出解释；对群众提出的要求，要及时予以答复。对大多数群众不赞成的事情，应坚决予以纠正。三要做到全面公开。凡属群众关心的热点问题以及村里的重大问题，包括村级党务、政务、事务、财务、服务事项等都应向村民公开。

在实际工作中，一些地方村务公开工作不够规范，存在着“半公开、假公开、不公开”等现象，侵害了村民的民主权利。因此，有关法律、法规规定，对于村民委员会不及时公布应当公布的事项或者公布的事项不真实的，村民有权向乡、民族乡、镇的人民政府或者县级人民政府及其有关主管部门反映。接到反映意见的乡镇人民政府或者县级人民政府及其有关主管部门，应当负责调查核实有关情况，责令村民委员会公布。对于经查证核实确有弄虚作假等违法行为的，应当依法追究有关人员的责任。

第四节　民主管理创新案例

近年来，各地农村干部群众在村民自治实践中创新出许多推进村务公开和民主管理的好办法、好经验，有力地维护了农民当家作主的政治权利，促进了农村经济社会的发展。党和政府也不断鼓励和支持村务公开和民主管理制度创新和理论创新，并致力于为创新营造宽松的环境。下面将部分地区在探索村级民主管理创新的过程中一些突出的案例摘编如下，供大家参考。

一、“4 +4”工作模式

重庆市长寿区：“4 +4”工作模式①

近年来，重庆市长寿区高度重视村务公开和民主管理工作，围绕“解决民生、落实民权、维护民利”的工作要求，立足于“解决群众最关心、最直接、最现实的利益问题”为突破口，采用“4 +4”工作模式（即四强化、四保障、四监管、四提升）不断夯实基层工作基础，促进基层组织建

① 摘编自重庆市长寿区人民政府网站《长寿区采用“4 +4”工作模式全面打造阳光村务》http：//cs. cq. gov. cn/jzbm/news/2012-2/307_26842. shtml。

设工作健康有序发展，真正实现群众满意民政。

统筹协调，合理推进，四强化健全组织机制

一是强化思想认识。近年来，区委、区政府坚持每年多次召开专题会议，研究部署村（居）务公开民主管理工作，结合干部大下访，深入村（居）现场指导工作。全面推行了区级领导联系社区制度，每月区级领导都要到联系社区现场办公，解决群众反映的重点难点问题，及时化解了干群矛盾。二是强化组织领导。区、街镇和村（社区）分别成立村（居）务公开工作领导小组，形成党政领导亲自抓、业务人员经常抓，层层抓落实的工作格局，区财政每年安排村务公开民主管理工作日常办公运转经费40万元。三是强化部门参与。年初召开区社区建设和村（居）务公开工作领导小组成员单位会、每季度召开村（居）务公开民主管理工作分析会、半年召开全区村（居）务公开民主管理工作推进会，通报工作开展情况、交流工作经验、分析存在的问题，安排部署工作。四是强化工作考核。年初，区政府与各街镇签订《村务公开民主管理目标责任书》，将村务公开民主管理工作纳入综合目标考核。出台《村（社区）干部“双述双评”工作实施方案》，测评结果与绩效奖励挂钩，形成“上级考核”和“民主评议”定酬相结合的方式，把衡量干部工作业绩的尺子交给老百姓，实现“群众评官”。

改善设施，重点突破，四大保障夯实工作基础

一是保障设施阵地。2009—2011年，全区采取“上级补助一点、区财政奖补一点、街镇自筹一点、村募集一点”“四个一点”的方式投入4824.1万元，对全区223个村、27个社区公共服务阵地全面进行了新建和改造，并按功能要求合理布局。2011年，全区安排101.8万元专项资金对所有村（居）务公开栏改造升级，实施“七”上墙，即：村（社区）“两委”成员及工作人员、职责分工、年度计划、监督举报电话、党务村务公开内容、建议信息反馈情况和意见箱上墙；区财政共投入320万元为村（社区）配置电脑、复印机、打印机和相机等，实现网络化办公，提高办事效率。二是保障制度规范。近年，全区出台了《长寿区深入推进村（居）务公开工作实施方案》、《关于农村基层组织民主决策实行“四议两公开”的意见》、《长寿区村（社区）干部“双述双评”工作实施方案》和《关于加强村和社区党风廉政建设实施方案》等相关文件，全面规范村（居）工作管理制度，完善村议事会组织规则和村议事规则，全面推进基层党风廉政建设，以建立健全“三重一大”事项民主决策机制，实现“民主定事”、以建立健全“三资”代理服务机制，实现“制度理财”、建立健全“双述双评”民主评议机制，实现“群众评官”。三是保障办公经费。社区办公经费调整为每年 3 万—5 万元，村办公经费调整为每年 1.5 万—1.7 万元，由区财政纳入预算保障。四是保障工作热情。近年来，区委、区政府多次提高村居干部待遇，目前，村（社区）干部最高标准分别达每人每月 1300 元和每人每月 2100 元；“双述双评”结果与绩效补贴直接挂钩，每年按 20% 比例评选优秀村干部，被评为优秀的奖励两个月基本补贴，被评为称职的奖励一个月基本补贴；区委、区政府每 3 年表彰 30 名优秀社区干部；5 年来，从村（居）干部中选拔公务员 16 名，让广大村居干部感觉此项工作有干头、有奔头。

创新方式，广纳民意，四监管实现阳光村务

一是实行“规范化”监管。采用“六化”标准管理，即设施标准化、内容具体化、时间统一化、程序规范化、形式多样化、监管制度化。二是实现“民主化”监督。以村（居）务监督委员会为监督主体，充分发挥内部监督，由人大代表、政协委员、村民代表组成的义务监督员，设立意见箱和举报电话，多渠道征求群众意见和建议，建立全方位、立体化监督网络。5 年来，全区共收集梳理社情民意 62925 条，其中：办理 62918 条，为群众办理了一批好事实事，群众的意愿与基层干部为民服务得到了较好统一。三是形成“制度化”监管。采用“一看四查”的方式督促村（居）务公开工作，“一看”公开栏和方案，“一查”公开制度，“二查”公开内容，“三查”群众意见与建议是否答复，“四查”处理结果及反馈情况。四是利用“影像资料”监管。各街镇每季度在检查村居务公开后拍摄 3—5 张照片制作成影像册，作为检查内容之一。全区把 1、4、7、10 月的 15 日定为村居务“公开日”，所有惠民资金均实行区、街镇、村居、小组“四级公示”，增强了工作透明度，做到了“给群众一个明白，还干部一个清白”。

积极引导，广泛参与，四提升确保自治水平

一是提升环境氛围。充分利用广播、报纸、电视三大媒体，广泛宣传学习和贯彻实施《村民委员会组织法》，编制发放《民政民生惠民政策问题解答》2万份，利用村务公开栏和村民会议广泛宣传惠民政策，引导群众广泛参与村务公开工作。二是提升干部素质。建立完善了村（居）干部联动培训机制，采用“请进来，走出去”多渠道开展培训，并安排部分村（居）干部到发达地区学习。区委、区政府组织召开全区村居务公开现场推进会和观摩学习会，300多名成员单位、街镇领导干部和村（社区）干部参加了会议，相互交流学习，以点促面；区民政局组织“推进村居务公开打造阳光民政宣讲团”，深入街镇开展惠民政策宣讲活动，3000多名村（居）干部、小组长和监督委员会成员参加了培训，逐步提高村干部服务意识和整体素质。三是提升服务水平。2011年，区委、区政府把村居务公开民主管理工作纳入“服务提升年”内容，对街镇、部门、村居开展为民服务进行效能监督，服务意识不断提升。江南街道大元村将1、4、7、10月的20日定为“民主日”。晏家街道沙溪村定期召开“民情恳谈会”，以座谈会的方式了解群众诉求，限期办理、反馈和公示。长寿湖镇东海村建立“村民事务代办制”，采取首问责任制，第一个接待干部为第一责任人，负责办理反馈，全区将此类经验进行全面推广。全区累计接访群众58207人次，走访群众48564户，处理群众反映的问题12378件，做到件件有着落，件件有回音。四是提升议事实效。区政府出台了《关于长寿区推进村级公共服务和社会管理工作试行方案》，2011—2016年，区财政每年每村安排5万元的村级发展专项资金，2011年，安排专项资金1195万元在全区124个村开展村级公共服务和社会管理工作，采用“一户一问卷、一事一议题”和“全面公开、全程监督”的方式实施项目，逐步提高村民的民主意识，带动和推进村级民主建设，使农村公共服务和社会管理水平不断提高，城乡基本公共服务差距不断缩小，推进村级公共服务和社会管理改革，由“干部说了算”变为“群众说了算”，真正实现“民主定事”。

通过深化村（居）务公开工作，带动和推进基层民主建设，呈现“四大明显”转变：村级矛盾明显减少、基层组织力量明显加强、干部服务意识明显增强、农村经济社会发展明显加快。

二、村民代表会议常设制

内蒙古伊金霍洛旗：村民代表会议常设制①

2010年5月16日，内蒙古自治区伊旗伊金霍洛镇龙虎渠村村委会会议室内，村民代表满座，讨论热烈而有序，气氛活跃而严肃。这里正在召开龙虎渠村第七届村民代表大会第二次会议，村民代表听取村委会工作报告和财务收支情况报告，讨论村里近期工作计划。这是伊金霍洛旗推行的以村民代表会议常设制为核心的“四权四制”组织体制和运行机制的生动缩影。

以村民代表会议常设制为核心的“四权四制”组织体制和运行机制，是新形势下伊金霍洛旗为深入推进农村牧区基层组织建设和民主政治建设的有益探索，对当前农村牧区“一事一议”、“四议两公开”工作法作出了深化完善。前不久，自治区党委常委、通辽市委书记杜梓在伊金霍洛旗调研时就指出，加强基层民主建设是发展社会主义民主政治的重要组成部分。以村民代表会议常设制为核心的“四权四制”运行机制，是在吸取借鉴全国各地农村牧区民主政治建设先进经验做法的基础上，结合鄂尔多斯实际，创造出的农村牧区民主政治建设的新路子。

从“为民做主”到“请民做主”

2006年以来，伊金霍洛旗积极探索村级民主政治建设新模式，推行了以村民代表会议常设制为核心的“四权四制”组织体制和运行机制，改变了过去村党支部或“两委”班子“议行合一”的体制和机制，充分发挥了农村基层党组织的领导核心作用和村民代表会议、村委会的自治作用，既保障了人民群众当家作主的权利，又提高了村党支部的办事效率，实现了

① 摘编自新华网《伊金霍洛“四权四制”组织体制和运行机制纪实》http://www.nmg.xinhuanet.com/zt/2010-06/18/content_20103903_5.htm。

从“为民做主”到“请民做主”的悄然转变。

最早探索村民代表会议模式的纳林陶亥镇淖尔壕村村支书郝成亮对此深有体会：“根据形势发展和现实需要，我们从2006年10月开始探索一种村治新模式，并于2007年3月7日召开了淖尔壕村第六届村民代表大会第一次会议。根据血缘关系、人际关系、居住地域等具体情况，在充分尊重民意的基础上，每5至15户推选一名村民代表，选举产生出37名代表。这37名代表代表我村10个社1000多人行使权利，参与村里事务的管理。通过召开村民代表会议，彻底改变了过去开会说不清楚、吵不明白、定不下来的局面，提升了民主管理水平。”

在这次村民代表会议上，一些之前长时间未能处理的问题得到了圆满解决。淖尔壕地处神东矿区，过去，遇到塌陷区补偿、征地这一类敏感问题，村里都很头疼。2006年春，企业给了淖尔壕村一笔补偿款，涉及秦家圪台社、青年社和敖包壕社。在分配补偿费过程中，由于存在地界上的争议，好长时间没有分开。大家你一言、我一语，商议好多次还定不下来，争得面红耳赤，总有人不满意。“在第一次村民代表会议上，经过村民代表的集体研究，很快就形成了分配方案，使补偿款顺利得以分配。往后，许多‘挠头’问题都依靠这种机制得到了顺利解决。”郝成亮感触良多。

“四权”分立、“四制”保障

“四权四制”，所谓“四权”，即将所有村级重大事项决策权都按照党支部履行决策组织权、村民（代表）会议履行决策表决权、村委会履行决策实施权、村民监督委员会履行决策监督权的体制框架进行依法科学配置，充分体现农牧民群众当家作主。所谓“四制”，即将所有村级重大事项决策都按照决策启动机制、民主表决机制、组织实施机制、监督评议机制的运行模式进行民主管理，切实维护农牧民群众的合法权益。“四权”与“四制”贯穿于村务的提出、决策、实施和监督的全过程，相互对应、相辅相成、相得益彰。

“所有村级重大事项都要通过村民代表会议集体决策。”龙虎渠村党支部书记高宝告诉记者，“党支部履行决策组织权，负责对整个决策、管理、监督等活动的组织领导，对议题进行收集整理、审核把关，在广泛征求党员意见、认真调查论证的基础上，提出初步意见和方案，提交村民代表会议讨论表决。”村民代表会议议题在广泛征求群众意见的基础上，由村党支部、村民委员会或三分之一以上村民代表提出。村民代表会议原则上每年召开2—3次，也可根据党支部、村委会或三分之一以上村民代表提议随时召开。每次会议参加人数必须达到代表总数的三分之二以上。不是代表的村民也可列席旁听。

“村民（代表）会议是村级组织中最高的权力机构，实施决策表决权，所有村级重大事项都要通过村民代表会议进行表决。”淖尔壕村村支书郝成亮已经对“四权四制”组织体制和运行机制了然于胸，“村民代表会议由村民代表选举产生的执行主席主持召开，对提交村民代表会议讨论决定的事项，会前3天向村民或村民代表公告，广泛征求意见。村民代表会议采取举手、无记名投票等多种方式进行表决，三分之二以上的村民代表通过后才能形成决议。”

决议实施前，决议内容由村委会利用专栏、黑板报等多种方式向村民定点公布；由村民代表负责向其所代表的户进行传达、解释和说明。村委会执行村民会议和村民代表会议的决定、决议，同时向村民会议和村民代表会议负责并报告工作，并随时向全体村民公开实施进度和实施结果等，接受广大群众监督。“经村民代表会议表决通过的决议事项，对村委会和全体村民具有同样的约束力，必须坚决执行。因特殊情况发生变化确需变更的，必须经村民代表会议通过。”龙虎渠村包村干部崔永文也深刻地感受到了村民代表会议的“威力”。

由村民代表会议选举产生的村民监督委员会，对村民代表会议负责，负责决策议题征求意见、组织表决和村委会对决议的执行情况进行监督，享有检查、质询、否决等权力，并按规定程序向村民会议或村民代表会议通报监督情况。全面推行村“两委”班子成员“勤廉双述”制度，邀请乡镇纪检部门、村党员代表、村民代表组成评议小组，对每位村干部的勤政廉政情况进行评议，并可当面提出质询。

目前，伊金霍洛旗已在7个镇138个嘎查全面推行村民代表会议制度，形成了“村党支部领导，村民代表大会做主，村委会办事”的村治新模式，实现了决策、执行、监督三权适度分离。村民代表会议已成为实行村务公开、民主管理工作的重要载体，是名副其实的村中小“人大”。

拆掉“隔心墙”、架起“连心桥”

“村民代表会议成为村级组织与农牧民群众的桥梁和纽带，村民在村级事务管理中真正享有参与权、决策权、表决权和监督权，突出了村民主体地位，群众的民主权利得到充分行使。‘四权四制’拆掉了干群之间‘隔心墙’、架起了‘连心桥’。”高宝说，“村级事务由村民代表会议决定，能够真实表达村民意愿，特别是把一些不符合大多数群众利益或愿望的事项予以否决，使群众真正实现了当家作主，大大提高了村民参与村务决策和管理的积极性。龙虎渠村三社人畜饮水工程的维修问题、五社延伸高压线和新增变压器的问题、六社集体土地和塘坝管理的问题……都通过村民代表会议得到了妥善解决。”

“四权四制”运行三年来，龙虎渠村共召开村民代表会议 4 次，村民代表小组会议 30 多次，议定事项达到 30 多件，涉及全村村民或部分社村民切身利益的问题得到了根本性的解决。“甚至有些问题已经在社里化解了，村‘两委’还不清楚。村务决策权由村干部行使变为由村民代表集体行使，从根本上化解了基层矛盾，现在全镇各村社基本做到了‘小事不出社，大事不出村’。”包村干部崔永文感慨地说。两年多来，伊旗 138 个嘎查共召开村民代表会议 590 多次，累计议定事项 2800 多个，一些涉及群众切身利益的热点难点问题得到有效解决。全旗基层矛盾化解率不断提高，群众对村“两委”的满意度由 2006 年的 67% 提高到 2009 年年底的 90%；涉村信访量由 2006 年的 40% 下降为现在的 11.5%。

打破“一言堂”、实现“两头热”

淖尔壕村村支书郝成亮说：“村民代表会议起到了对村务工作的事前、事中、事后全方位、深层次的监督，真正实现了工作决策由‘一言堂’到‘群英会’的转变，工作推进实现了由村干部‘一头热’到干部群众‘两头热’的转变，大大提高了农村的民主决策水平，村民利益得到了应有的保证，使基层民主建设更加深入人心。”伊金霍洛镇沙巴日太嘎查生态环境恶化问题严峻，政府就小畜整体退出问题与群众多年协商未达成协议。

去年，从制定补偿方案阶段开始，镇政府通过组织村民代表挨家挨户征求群众意见，方案几经修改后得到全体村民认可，小畜整体退出工程得以顺利实施。

淖尔壕村村民代表田富财激动地说，实行以村民代表会议常设制为核心的“四权四制”组织体制和运行机制以来，群众的知情权、参与权、决策权、监督权得到了较好的落实，真正地享受到了当家作主带来的荣誉感、成就感，发家致富、干事创业的劲头更足了、激情更高了、渴望更强了。伊金霍洛旗各级党委、政府因势利导，引导扶持群众改善生产生活条件，调整产业结构，增加收入，两年来共建成党员示范户 200 户，培养党员致富带头人 784 人，建成规模化养殖小区 30 多个，年直接增收 1.8 亿多元。在国家和地方政府大力支持的同时，群众自筹资金 3600 多万元，建设人畜饮水工程 16 处，兴修沙石路 158 公里，建设标准化圈棚 2000 多座，发展节水灌溉农田 2.75 万亩，有力促进了社会主义新农村建设。

“抓大放小”强化核心地位

“四权四制”组织体制和运行机制，使村党支部及时从“大包大揽”独断型领导方式中转变过来，及时调整到“归权于民、问计于民、问需于民”的轨道上，“抓大放小”，有所为有所不为。“抓大”就是党支部总揽全局，把握方向，抓民生、抓民主、抓协调，以村民代表会议为抓手，依法领导、民主领导、科学领导。“放小”就是在具体村务工作上放权、放心、放手，充分依靠村民代表会议、村委会按法定程序运行。

在这种良性循环中，村支部班子能力素质得到明显提高、干事创业热情空前高涨，凝聚力、战斗力不断增强，党组织的战斗堡垒作用得到进一步发挥，党支部的领导核心地位进一步巩固。在 2009 年村支部书记换届选举中，伊金霍洛旗 120 个嘎查党支部（包括联合党支部）中连选连任支部书记 109 名，换选 11 名，平均年龄 47.7 岁，其中大专以上学历的有 41 名，占总数的 34.2%，整体素质明显提高。

集民智，“四权四制”成为推进农村经济的“加速器”；解民忧，“四权四制”成为化解农村矛盾的“催化剂”；顺民意，“四权四制”成为密切干群关系的“连心桥”。以村民代表会议为核心的“四权四制”组织体制和运行机制正在伊金霍洛旗大地生根、开花，在鄂尔多斯的基层民主政治建设进程中，也将产生积极而深远的影响。

三、"村干部"岗位及工资"票决制"

湖北省通山县："村干部"岗位及工资"票决制"①

2006年以来，湖北省通山县在全县推行以"竞标定岗位，评议定报酬"为主要内容的村干部岗位管理新模式。村干部的工资由职务工资和岗位工资两部分组成，岗位工资由村民代表民主评分确定，工资多少与得分高低挂钩。其主要做法是，年初通过竞标方式定岗位，将村级工作分为党务、村务、财务、计划生育、民兵、妇女、社会稳定、扶贫开发等数个岗位，每个岗位确定"标底"（完成工作的报酬），然后由全体村干部上台发表竞岗演讲，经村民代表投票确定具体中标人，一人可兼多岗，没有竞到岗的不发岗位工资。每季度最后一个月采取评议的方式定报酬，村干部上台向村民代表汇报3个月来的工作情况。村民代表依据村干部每个岗位的工作成绩，为他们投票打分，得分在95分以上的，可领取全额报酬。每下降1分，报酬则下降1%。实行村干部竞标定岗位，评议定报酬，村干部工作岗位及工资报酬都由村民投票决定，将村干部的工作绩效考核权交给村民，一方面可以充分体现村民当家作主，调动广大村民参与村级公共事务的积极性，为村民监督村干部提供制度平台；另一方面，这项制度可以惩懒奖勤，奖优罚劣，激发村干部改变工作作风、强化服务意识。

① 《湖北省通山县："村干部"岗位及工资"票决制"》，《村委主任》2010年第6期。

第六章　民主监督

民主监督作为“四个民主”必不可少的一部分，是村民自治得以真正实现的可靠保障和重要保证。村民对村民委员会工作以及村内各项事务进行监督，是解决工作中存在的矛盾、推进各项事业发展的重要环节。

第一节　村级民主监督概述

村级民主监督是村民自治的重要内容，也是村党组织领导的充满活力的村民自治机制的重要保障。自 2004 年中共中央办公厅、国务院办公厅《关于健全和完善村务公开和民主管理制度的意见》下发以来，全国各地农村村务公开和民主管理工作日益规范，村务管理的监督制约机制不断完善，为保障村民的民主权利、促进农村社会和谐稳定奠定了坚实的基础。2012 年 9 月，中纪委、中组部、民政部等十二部委印发了《关于进一步加强村级民主监督工作的意见》，对进一步加强村级民主监督作出了详细的部署。

一、村级民主监督的含义

村级民主监督就是在本村范围内，广大村民依托村民会议、村民代表会议、村务监督机构等组织载体，通过对村民委员会组成人员进行民主评议、经济责任审计、罢免等形式，对村民委员会任期内办理的各项村务以及村民委员会成员的履职情况进行监察督促的活动。

由此可见，村级民主监督有着以下几个特点：

1. 村级民主监督属于自我监督。村级监督权由村民群众享有。村级民主监督主要依托村民自己的力量进行，因此村级民主监督工作的有效推进必须广泛发动村民群众，使其参与到村级民主监督的过程中来。

2. 村级民主监督具有全面性。村级民主监督在监督村民委员会各项工作的同时，还监督村级组织的组成成员，做到了对组织监督和对组织成员监督的双管齐下。

3. 村级民主监督具有多样性。广大村民可以通过对村民委员会组成人员进行民主评议、任期和离任经济责任审计、罢免，或者村委员会成员述职述廉等多种形式实现监督。

二、村级民主监督的基本原则

根据《关于进一步加强村级民主监督工作的意见》要求，为做好村级民主监督工作，当前要努力完成以下工作：建立健全村务监督机构，普遍开展民主评议、村干部任期和离任经济责任审计，逐步建立起责权明晰、衔接配套、运转有效的村级民主监督机制。到2020年，实现村级民主监督制度完善、监督形式丰富、民主评议有效、经济责任审计规范的目标，切实保障农民群众的知情权、参与权、表达权和监督权。

要做好当前的村级民主监督工作，必须坚持正确的指导思想，要以保障农民群众依法直接行使民主权利为落脚点，着力健全村务监督委员会等形式的村务监督机构，规范民主评议制度，强化经济责任审计，推动乡村治理机制不断完善，促进农村经济社会又好又快发展。

做好村级民主监督工作，必须坚持以下基本原则：

一是坚持党的领导，进一步健全村党组织领导的充满活力的村民自治机制。《中华人民共和国村民委员会组织法》第四条规定：“中国共产党在农村的基层组织，按照中国共产党章程进行工作，发挥领导核心作用，领导和支持村民委员会行使职权；依照宪法和法律，支持和保障村民开展自治活动、直接行使民主权利。”因此在实施村级民主监督中，要始终把监督工作置于各级党组织的领导之中，进一步健全村党组织领导的充满活力的村民自治机制。

二是加强制度建设，保障农民群众依法依章行使民主监督权利。《中华人民共和国宪法》第四十一条规定："中华人民共和国公民对于任何国家机关和国家工作人员，有提出批评和建议的权利；对于任何国家机关和国家工作人员的违法失职行为，有向有关国家机关提出申诉、控告或者检举的权利，但是不得捏造或者歪曲事实进行诬告陷害。"村民委员会虽然不属于国家机关系列，但在村庄自治体内也属于村庄自治组织，其权力来源于村民，其行为理应受到村民监督。2004 年中共中央办公厅、国务院办公厅《关于健全和完善村务公开和民主管理制度的意见》中明确指出："进一步强化村务管理的监督制约机制，保障农民群众的监督权。"因此村级民主监督要注重制度建设，特别注意保障农民群众依法依章行使民主监督权利。

三是坚持村民的主体地位，实现村民自我管理、自我教育、自我服务。村级民主监督属于村民自治的范畴，民主监督权是法律、法规赋予广大村民的光荣权利，任何组织和个人不能以任何理由剥夺村民对村级事务的监督权。同时村级民主监督要依托村民自治的各项制度而不是超越村民自治另行一套，可以说，村级民主监督的正常运转主要还是依赖于村民力量的发挥，最终实现村民自我管理、自我教育、自我服务。

四是坚持因地制宜，推动村级民主监督与农村经济社会发展相适应。在村级民主监督中，村民对村民委员会或村民委员会成员提出的意见建议要切合农村实际，坚持因地制宜，积极探索与当地实际相符合的监督手段和监督机制，推动村级民主监督与农村经济社会发展相适应。

三、村级民主监督的主体、对象和内容

（一）村级民主监督的主体

《中华人民共和国宪法》第二条规定："中华人民共和国的一切权力属于人民。""人民依照法律规定，通过各种途径和形式，管理国家事务，管

理经济和文化事业，管理社会事务。”可见，我国是实行人民当家作主的社会主义国家，人民享有管理国家各项经济文化事业和社会事务的权利。在农村，广大村民自然享有对各项村级事务的管理权，以及对接受村民委托管理村级事务的村干部的监督权。为调动广大村民的监督力量，首先要做好村民监督意识的培养和提高，避免因为监督意识薄弱导致村民监督流于形式；其次村内事务都应该公开透明，使村民群众对村内各项事务都明明白白，做到心中有数，这样才能正确行使监督权利；最后还要完善监督制度、畅通监督渠道，保障村民监督权得以实现。

（二）村级民主监督的对象

村级民主监督的对象包括两类：一是村级组织；二是村级组织组成人员。2004 年中共中央办公厅、国务院办公厅《关于健全和完善村务公开和民主管理制度的意见》中指出：“民主评议对象为村党组织班子成员、村民委员会班子成员、村集体经济组织班子成员、村民小组长以及享受由村民或集体承担误工补贴（工资）的其他村务管理人员。”可以看出村级民主监督对象的村级组织包括村党组织、村民委员会、村集体经济组织。村级组织成员包括村党组织班子成员、村民委员会组成人员、村集体经济组织成员、村民小组长、村务监督机构组成人员、村民理财小组组成人员以及其他享受村民或者集体补贴的村务管理人员。

（三）村级民主监督的内容

村级民主监督的内容具有广泛性。凡是涉及村民利益或村民群众普遍关心的事项，都应当列为村级民主监督的内容。主要包括以下几个方面：

1. 民主选举方面。包括推选村民选举委员会、选民登记、推选村民代表、直接提名候选人、候选人竞选、选举投票等过程是否公开、公平、公正；选举过程是否存在“以暴力、威胁、欺骗、贿赂、伪造选票、虚报选举票数等不正当手段，妨害村民行使选举权、被选举权，破坏村民委员会选举的行为”；是否存在“指定、委派或者撤换村民委员会成员”的情形等。

2. 民主决策方面。包括决策事项是否符合党的路线、方针、政策和国家法律、法规；村级重大事务和事关村民切身利益的事项是否按照法律、法规和政策规定的工作方法进行决策、实施；是否建立村民会议和村民代表会议制度；决策事项是否严格按决议执行等。

3. 民主管理方面。包括村党组织、村民委员会是否充分发扬民主，依法组织全体村民制定村民自治章程、村规民约、村民会议和村民代表会议议事规则、财务管理制度；村民自治章程和村规民约是否得到有效执行；财务管理是否严格遵守财经纪律、执行有关规章制度；是否按照民主理财制度开展理财活动；对群众提出的财务问题是否及时给予解答并整改纠正，以及财务管理中其他应监督的事项等。

4. 村务公开方面。包括村级党务、政务、事务、财务、服务等内容的公开是否全面、真实；公开的时间是否及时；公开的形式是否实用、有效；公开的程序是否规范；是否及时答复并处理群众反映的问题。

需要特别指出的是，2011 年农业部、监察部下发的《农村集体经济组织财务公开规定》中明确规定，村集体经济组织或者村民委员会组成成员对村级财务公开享有下列监督权：有权对公开的内容提出质疑；有权委托民主理财小组查阅审核有关财务账目；有权要求有关当事人对财务问题进行解释或解答；有权逐级反映财务公开中存在的问题，提出意见和建议。村集体经济组织或者村民委员会民主理财小组行使下列监督权：参与制订本村集体的财务计划和各项财务管理制度；审核原始凭证，查阅有关财务账目及相关的经济活动事项，否决不合规开支。对否决有异议的，可提交村集体经济组织成员会议或成员代表会议讨论决定；对财务公开情况进行检查和监督，对公开中有关问题提出处理建议；向上一级部门反映有关财务和公开中的问题。

四、村级民主监督的实现形式

根据村民委员会组织法等法律、法规和政策的规定，村级民主监督主要通过以下几种形式实现：

1. 村民会议或者村民代表会议。《中华人民共和国村民委员会组织法》

第二十三条规定："村民会议审议村民委员会的年度工作报告，评议村民委员会成员的工作；有权撤销或者变更村民委员会不适当的决定；有权撤销或者变更村民代表会议不适当的决定。村民会议可以授权村民代表会议审议村民委员会的年度工作报告，评议村民委员会成员的工作，撤销或者变更村民委员会不适当的决定。"由此可见，村民会议和村民代表会议不仅是村民自治体内的权力机构，拥有村级事务的最终决策权，也是村级事务的监督机构，其可以通过审议村民委员会年度报告、评议村民委员会成员、撤销或者变更不适当的决定、决议等方式实现对村级事务的监督。

2. 村务公开。《中华人民共和国村民委员会组织法》第三十条规定："村民委员会实行村务公开制度。"村务公开的目的就是要将村民委员会的村务管理工作置于村民群众的监督之下。通过实行村务公开，公开村务活动的管理过程和结果，使得村民委员会及其成员的各项活动受到约束，有利于遏制村民委员会及其成员的寻租行为。

3. 民主评议。《中华人民共和国村民委员会组织法》第二十三条规定："村民会议审议村民委员会的年度工作报告，评议村民委员会成员的工作。"第三十三条规定："村民委员会成员以及由村民或者村集体承担误工补贴的聘用人员，应当接受村民会议或者村民代表会议对其履行职责情况的民主评议。"中共中央办公厅、国务院办公厅《关于健全和完善村务公开和民主管理制度的意见》也要求："推行民主评议村干部工作制度。民主评议对象为村党组织班子成员、村民委员会班子成员、村集体经济组织班子成员、村民小组长以及享受由村民或集体承担误工补贴（工资）的其他村务管理人员。"由此可见，民主评议的范围具有广泛性，除了村民委员会成员以外，还包括所有享受由村民或集体承担误工补贴（工资）的村务管理人员。

4. 村民委员会成员任期和离任经济责任审计。《中华人民共和国村民委员会组织法》第三十五条规定："村民委员会成员实行任期和离任经济责任审计。"中共中央办公厅、国务院办公厅《关于健全和完善村务公开和民主管理制度的意见》要求："村干部任期届满或离任时必须审计。在审计中查出侵占集体资产和资金、多吃多占、铺张浪费的，要责令其如数退赔；涉及国家工作人员及村干部违法违纪的，需要给予党纪政纪处分的，移交纪检监察机关处理；构成犯罪的，移交司法机关依法追究当事人的法律责任。”可见，对村民委员会成员进行任期和离任审计也是村级民主监督的一种形式，而且是监督力度比较大的一种形式。

5. 对村民委员会组成成员进行罢免。《中华人民共和国村民委员会组织法》第十六条规定：“本村五分之一以上有选举权的村民或者三分之一以上的村民代表联名，可以提出罢免村民委员会成员的要求，并说明要求罢免的理由。”可见对村民委员会成员进行罢免也是村级民主监督的形式之一，而且是刚性最强的一种监督形式，直接关系到村民委员会成员的切身利益和政治生命。

五、村级民主监督的保障措施

（一）充分发挥村党组织的领导核心作用

村党组织按照《中国共产党章程》进行工作，发挥领导核心作用，领导和支持村民委员会、村务监督机构依法依章行使职权，组织开展对党员的民主监督工作，引导党员充分发挥先锋模范作用。提倡村党组织成员通过民主程序兼任村务监督机构成员。积极探索有效发挥村党组织领导核心作用的方式和途径。完善村内重大事项民主决策制度，健全“一事一议”制度，逐步推行村主要负责人廉政承诺制度、村干部勤廉双述、村民质询制度。加强村民会议、村民代表会议建设，制定各项管理规范和工作制度，提高村民特别是村民代表的民主素质和议事能力，引导村民理性表达诉求。积极培育和发展农村服务性、公益性、互助性社会组织，促进其发挥参与监督和建言献策等方面的作用。

（二）健全和落实领导责任制

要把加强村级民主监督工作列入重要议事日程，建立健全党政齐抓共管、村务公开领导（协调）机构组织协调、有关部门各负其责的领导体制和工作机制。加大宣传力度，营造有利于农民群众依法直接有序行使民主监督权利的良好舆论环境。加强培训，增强农村基层干部为民服务、廉洁自律意识，提高推进村级民主监督实践能力。加大督促指导工作力度，为村务监督机构正常开展工作创造必要条件。建立健全工作责任追究制度，对因领导和指导工作不力、敷衍应付、处置不当等引发较大规模群体性事件的，追究相关领导和有关人员的责任。

（三）不断推动村级公共事务信息化建设

进一步畅通村民参与村级民主监督的渠道，积极探索村务管理的信息化，实现人口信息、生产经营、村集体“三资”、村务档案等信息化管理。有条件的地方，可以探索开发村务管理软件，建立村务管理信息化平台，规范工作程序，提高管理服务效率。探索建立村民信息交流互动平台，了解村民诉求，解决村民反映的问题。积极探索使用互联网、手机短信等方式，及时公开强农惠农富农政策、涉农收费、农村财务和农村重大事项、市场供需信息以及农业科普信息、村民委员会协助政府开展工作等内容，切实保障村民尤其是外出务工人员的民主权利。

此外，切实加强村级民主监督还需要继续深化村务公开工作、健全村务档案管理制度，唯有这样才能为村级民主监督提供扎实的制度保障。

六、村级民主监督的意义

随着农村经济社会发生深刻变化，有的地方出现了民主监督流于形式、村干部用钱用权行为不够规范甚至引发贪污腐败等损害农民利益的问题，影响了社会主义新农村建设的顺利推进。为深入贯彻实施村民委员会组织法，需要进一步加强村级民主监督建设。做好村级民主监督工作对于完善村民自治工作，促进农村基层党风廉政建设，加强和创新农村基层社会管理，维护农村社会和谐稳定都有着重要的意义。

实行村级民主监督是维护广大村民群众利益、构建和谐新农村的重要保证。推进村级民主监督，有助于保护农民的各种权益，有利于化解农村社会的种种矛盾，保证农村的民主管理。加强村级民主监督，通过建立起责权明晰、衔接配套、运转有效的村级民主监督机制，使权力置于人民群众的监督之下，能够有效地规范村干部的行为，减少干群之间的猜疑，在农村建立起相互信任、相互支持的新型干群关系，有效地维护农村社会的稳定。

实行村级民主监督是健全村民自治、完善农村基层民主的重要内容。村级民主监督是村民自治的客观要求，是其他三个民主实现的有力保障。就村级“四个民主”而言，民主监督贯穿各个方面，民主选举的过程就有法定的监督程序，群众参与决策的过程就是监督的过程，离开民主监督，民主管理就有可能流于形式。

实行村级民主监督是预防干部腐败、促进农村党风廉政建设的重要途径。权力导致腐败，绝对的权力导致绝对的腐败。而惩治和预防腐败最好的良药就是将权力置于监督之下。村级民主监督将村级选举、决策、管理等活动都置于群众监督之下，可以减少村干部利用手中权力滋生腐败的机会，促进农村党风廉政建设。

实行村级民主监督是推进农村经济社会发展、加快建成小康社会的重要举措。通过建立健全科学完善的民主监督制度，实行真正的民主监督，有助于将更加合适的人员选拔出来，有助于使村级事务的决策和管理更加科学合理，有助于充分调动各种积极因素，聚精会神搞建设，一心一意谋发展，推动农村经济社会发展。

第二节　村务监督机构

《中华人民共和国村民委员会组织法》第三十二条规定：“村应当建立村务监督委员会或者其他形式的村务监督机构，负责村民民主理财，监督村务公开等制度的落实，其成员由村民会议或者村民代表会议在村民中推选产生，其中应有具备财会、管理知识的人员。村民委员会成员及其近亲属不得担任村务监督机构成员。村务监督机构成员向村民会议和村民代表会议负责，可以列席村民委员会会议。”本条内容就对村务监督机构的组成、产生、工作方式和工作内容作出了原则规定。

一、村务监督机构的组成

村务监督机构是村民自治中专门进行村务监督的组织。2012 年 9 月，中纪委、中组部、民政部等十二部委印发了《关于进一步加强村级民主监督工作的意见》，要求村应当建立村务监督委员会或者其他形式的村务监督机构，负责村民民主理财，监督村务公开等制度的落实。村务监督机构组成成员由三人至五人组成。2013 年湖北省纪委、省委组织部、民政厅等十二部门印发了《关于进一步加强村级民主监督工作的实施意见》（鄂民政发〔2013〕24 号）明确要求在全省范围内普遍建立村务监督委员会。

对村务监督机构中的组成人员有这样几个要求：

1. 专业能力方面。为保证村务监督机构正常履行职责，其中应有具备财会、管理知识的人员，以解决村务监督尤其是财务监督过程中的会计、审议等专业问题。在实践中，鼓励村内群团组织负责人、村民小组长和村民代表，通过民主推选兼任村务监督机构成员。

2. 道德素质方面。村务监督机构成员应奉公守法、品行良好、公道正派，具有较高的群众威望，这样才能保证村务监督机构在群众中的公信力，便于在开展工作中获得群众支持。

3. 年龄条件。年满十八周岁的村民具有被推选为村务监督机构成员的资格，但依法被剥夺政治权利的除外。

4. 特殊人员回避。村民委员会成员和村集体经济组织负责人及其近亲属，包括村民委员会成员的配偶、父母、子女、兄弟姐妹、祖父母、外祖父母、孙子女、外孙子女，不得担任村务监督机构的成员，村会计（财经委员)、村文书也不得担任村务监督机构成员，以保证村务监督机构公正地履行职责，真正做到不偏私，公平、公正。

二、村务监督机构的产生

村务监督机构成员由村民会议或者村民代表会议在村民中推选产生，可以连选连任。年满十八周岁的村民具有被推选为村务监督机构成员的资格。任何组织或者个人不得指定、委派或者撤换村务监督机构成员。村务监督机构届期与村民委员会届期相同。对不履行职责、不发挥作用的村务监督机构成员，可由村党组织予以批评教育，也可由村民会议或者村民代表会议予以罢免。村务监督机构成员因职务终止或者其他原因出缺的，经村民会议或者村民代表会议决定，可按照原推选得票多少的顺序依次递补或者补选。新任村务监督机构成员的任期到本届村务监督机构任期届满时止。村务监督机构成员丧失行为能力或者被判处刑罚的，其职务自行终止。

三、村务监督机构的职能

村务监督机构是村级民主监督机构，依法独立行使监督权，拥有以下监督职能：

1. 列席村“两委”联席会议、村民代表会议和村民委员会会议。

2. 有权了解村务管理的有关工作情况。

3. 依法依章对村级重大事项决策程序和落实情况、村务公开情况、民主理财情况、村民自治章程和村规民约执行情况、村民委员会成员履职任职及廉洁自律情况等进行检查监督。

4. 负责对本村集体财务活动进行民主监督。包括参与制定本村集体财务计划和各项财务管理制度；审核原始凭证，查阅财务账目及相关的经济活动事项，否决不合理开支；对财务公开情况进行检查和监督，对公开中有关问题提出处理建议；村集体财务收支凭证等，必须由村务监督机构审核后方可入账；向上一级部门反映有关财务和公开中的问题。

四、村务监督机构的工作方式

村务监督机构的工作方式主要体现在以下几个方面：

1. 向村民会议和村民代表会议负责，每半年至少报告一次工作。日常工作中，也可以根据需要向村民会议或村民代表会议报告监督情况。

2. 村务监督机构应听取和处理群众意见，负责民主理财，监督村务公开。群众对村民委员会的工作有疑问的，可以口头或书面形式向村务监督机构投诉，村务监督机构对群众反映的问题应当及时进行调查。

3. 村级财务公开前，应当由村务监督机构对公开内容的真实性、完整性进行审核，提出审查意见。村级财务公开资料经村务监督机构负责人与村集体经济组织或者村民委员会负责人、主管会计共同签字后方能公开。

4. 村务监督机构应当建立村务档案。村务档案包括选举文件和选票、会议记录、土地发包方案和承包合同、经济合同、集体财务账目、集体资产登记文件、公益设施基本资料、基本建设资料、宅基地使用方案、征地补偿费使用及分配方案等。村务档案应当真实、准确、完整、规范。

5. 村务监督机构应依法履行职责。对不履行职责的成员，村民会议或村民代表会议有权罢免其职务。村务监督机构不得随意干预村民委员会的日常工作。

第三节　民主评议

《中华人民共和国村民委员会组织法》第三十三条规定：“村民委员会成员以及由村民或者村集体承担误工补贴的聘用人员，应当接受村民会议或者村民代表会议对其履行职责情况的民主评议。民主评议每年至少进行一次，由村务监督机构主持。村民委员会成员连续两次被评议不称职的，其职务终止。”

一、民主评议的含义与要求

民主评议制度是村级民主监督的一项基本民主制度，是村民行使民主监督权利的重要体现。民主评议，就是村民会议或者村民代表会议依据法律法规和村民自治章程、村规民约等规定，对村民委员会成员以及由村民或者村集体承担误工补贴的聘用人员履行职责情况进行的讨论、评价。

民主评议村级组织工作人员时首先要坚持实事求是的原则，以事实为依据，以法律与法规、村规民约等制度规范为准绳，不能降低标准，同时也要考虑实际，坚决反对借民主评议搞人身攻击。村民民主评议要充分发扬民主，保证评议内容、过程、结果的公开。要通过村民会议或者村民代表会议让村民或者村民代表充分发表意见，并认真听取群众的评议意见。村民民主评议要坚持群众利益至上原则，要把群众满意与否作为衡量村级组织成员工作是否合格的重要标准。

二、民主评议的主体、对象与内容

民主评议的主体自然是村民，但是其要经过一定的组织形式，即村民会议或者村民代表会议。有条件的地方，可以吸纳驻村的机关、团体、部队、国有及国有控股企业、事业单位人员参与民主评议。

村民民主评议的对象，主要是村民委员会成员以及由村民或者村集体承担误工补贴的聘用人员。具体说来，民主评议对象为村党组织班子成员、村民委员会班子成员、村集体经济组织班子成员、村民小组长以及享受由村民或集体承担误工补贴（工资）的其他村务管理人员。至于对其他人员是否需要进行民主评议，各地可以结合具体情况在村规民约中作出规定。有条件的地方还可以逐步把协助政府办理本村公共事务人员，在本村开展服务性、公益性、互助性活动的社会组织负责人等纳入民主评议的范围。

民主评议的内容，主要是村各班子及工作人员履行职责的情况，具体应当包括评议对象的思想政治素质、岗位目标职责和工作业绩、村集体经济组织“三资”管理以及政府强农惠农富农项目实施、廉洁履职情况等关系村民切身利益的重点事项。

三、民主评议的程序

民主评议由乡镇党委、政府统一组织，村务监督机构主持，每年至少开展一次。对同一评议对象，两次民主评议间隔时间不得少于6个月。民主评议通过召开村民会议或者村民代表会议的形式开展，一般结合年终工作总结进行，可以在本年度末或者下年度初进行。十分之一以上村民或者三分之一以上村民代表提议时，应当及时开展民主评议活动。

村务监督机构应当按照乡镇党委、政府要求，在民主评议开展10日前将民主评议实施方案书面告知民主评议对象，并向村民公布。民主评议对象应当积极主动、客观公正介绍履职情况，如实回答提出的问题。

以村民会议形式民主评议村干部的，应有本村十八周岁以上村民过半数或者本村三分之二以上的户代表参加；以村民代表会议形式民主评议村干部的，应有三分之二以上的村民代表参加。参加评议的人员应当现场填写民主评议考核表，按照优秀、称职和不称职三个等次对评议对象履职情况进行评议。

四、民主评议结果的运用

民主评议结果应当及时向村民公布，接受村民监督。任何组织或者个人不得变更、撤销民主评议结果。评议结果要与评议对象的使用和补贴待遇等直接挂钩。涉及村民或村集体利益的民主评议奖惩办法，须经村民会议或者村民代表会议审议通过。村民委员会成员连续两次被评议不称职的，其职务终止；其他评议对象连续两次被评议不称职的，一年内不得参与村内相关工作。村务监督机构应当监督评议对象按照民主评议意见制定整改措施，帮助评议对象改进工作。对村务监督机构成员落实整改措施的情况，由村党组织负责监督。

第四节　任期和离任经济责任审计

《中华人民共和国村民委员会组织法》第三十五条规定：“村民委员会成员实行任期和离任经济责任审计。”村民委员会换届选举前或者村民委员会成员离任前，对村级集体经济活动和集体财务往来的实际情况进行一次系统审计，有利于正确评估村民委员会成员工作成绩，强化村级财务管理的监督约束，消除村民群众对集体资产管理的疑虑，保证村级各项工作的顺利进行。

一、经济责任审计的含义和要求

2004 年中共中央办公厅、国务院办公厅下发的《关于健全和完善村务公开和民主管理制度的意见》明确要求："村干部任期届满或离任时必须审计。"2005 年，农业部、监察部、国务院纠风办又联合下发了《关于做好村干部任期和离任经济责任专项审计的通知》，对村干部任期和离任经济责任专项审计工作进行了部署。2006 年 11 月，中共中央办公厅、国务院办公厅在《关于加强农村基层党风廉政建设的意见》中进一步提出："要建立和完善农村基层干部任期经济责任审计制度。"2010 年在修改村民委员会组织法时对村民委员会成员任期和离任经济责任审计正式作出了规定。2012 年 9 月中央纪委、中央组织部、民政部等十二部委印发了《关于进一步加强村级民主监督工作的意见》对"进一步做好村民委员会成员任期和离任经济责任审计"作出了明确要求。

经济责任审计包括两种具体方式：一是任期内经济责任审计；二是离任经济责任审计。离任审计包括村民委员会成员任期届满、罢免、辞职、职务终止等离开本岗位所进行的经济责任审计。一般应当先审计后离任，未经审计，不得解除任职期间的经济责任。

经济责任审计要坚持权责一致原则，村级组织成员拥有的权力要与其承担的责任相统一；要注意划分不同责任期间、责任主体的责任归属，不能张冠李戴，也不能"踢皮球"；要坚持实事求是的原则，对村民委员会成员的工作进行客观真实的评价，既不放纵违法，也不损伤村民委员会成员干事创业的积极性。

二、经济责任审计的主体、对象和内容

经济责任审计的主体包括两类：一般而言，经济责任审计由县级人民政府农业部门、财政部门或者乡级人民政府负责组织实施。但是，村民对村集体经济管理、处置有异议的，也可以由村民会议、村民代表会议决定

委托专业审计机构实施。这主要是由审计工作的专业性决定的，普通村民由于缺乏专业的财务、会计知识，往往难以胜任此项工作，必须由上级部门或者委托专门机构进行。

经济责任审计的对象主要包括行使村集体及村民委员会财务审批权的人员、参与村级经济活动决策的村民委员会成员。另外，实行村级会计委托代理的地方，根据实际情况，由县级人民政府决定可以对乡镇代理服务中心进行审计。

经济责任审计的内容包括：本村财务收支情况；本村债权债务情况；政府拨付和接受社会捐赠的资金、物资管理使用情况；本村生产经营和建设项目的发包管理以及公益事业建设项目招标投标情况；本村资金管理使用以及本村集体资产、资源的承包、租赁、担保、出让情况，征地补偿费的使用、分配情况；本村 1/5 以上的村民要求审计的其他事项。需要注意的是集体资产的管理使用、财务预决算、财务收支、生产经营和建设项目的发包管理、集体的债权债务、政府划拨或接受社会捐赠的款物使用等，应当纳入经济责任审计的范围。当前，要加大对集体土地征用、集体企业改制、“村改居”和并村过程中集体资产的处置、村内“一事一议”筹资筹劳、新型农村合作医疗、政府发放到村到户的各项补贴资金和物资等事项的审计力度。任期经济责任审计，由村民会议或者村民代表会议根据本村集体经济活动和集体财务往来的实际情况讨论决定。

三、经济责任审计的程序

1. 召开审计会议。实施经济责任审计时，审计机构应当召开主要审计工作人员、村党组织、村民委员会和村务监督机构成员代表参加的会议，安排审计工作的有关事项，并向全体村民公布审计方案。本村五分之一以上的村民要求进行经济责任审计的，应当及时安排审计，并由提出要求的村民推选出代表参加。

2. 征求群众意见。经济责任审计过程中，要广泛听取村民意见，吸纳村务监督机构成员、村民代表等参与。

3. 审计时间要求。村干部任期届满或离任时必须审计。当年进行村民委员会选举的村，应当在选举前对村民委员会成员进行离任经济责任审计，其中离任经济责任审计结果应当在登记参加下一届村民委员会选举的村民名单公布10日前公布。因辞职、罢免、职务终止等原因任期未满离任的，审计结果在离任后一个月内公布。

4. 审计结果公布、备案。审计工作结束后，审计机构应当出具书面审计报告，全面、客观地确定经济审计责任，提出健全和完善工作制度的意见和建议。村民对审计结果有异议的，应当通过村务监督机构要求审计单位作出解释说明。经济责任审计的报告和结果应当报送乡镇党委、政府备案，必要时可以向村民会议或村民代表会议作专题报告，并以村务公开形式张榜公布。

四、经济责任审计的责任追究

因任期届满、罢免、职务终止等原因离任的村民委员会成员，未经审计，不得解除任职期间的经济责任。对审计对象存在违反有关法律、法规行为，应当给予处理处罚的，由审计机关在法定职权范围内作出审计决定。依据审计决定，对有侵占集体资产、资金和资源等情况的，要责令有关人员如数退赔；对审计机构提出的意见和建议，要提请村民会议或者村民代表会议研究改进措施。涉及国家工作人员及村干部违法违纪的，需要给予党纪政纪处分的，移交纪检监察机关处理；构成犯罪的，移交司法机关依法追究当事人的法律责任。

第五节　罢免村民委员会成员

《中华人民共和国村民委员会组织法》第十六条规定："本村五分之一以上有选举权的村民或者三分之一以上的村民代表联名，可以提出罢免村民委员会成员的要求，并说明要求罢免的理由。被提出罢免的村民委员会成员有权提出申辩意见。罢免村民委员会成员，须有登记参加选举的村民过半数投票，并须经投票的村民过半数通过。”此条即是对村民罢免权的规定。村民罢免村民委员会成员是村民民主意识、法治水平和政治参与能力增强的一种表现，也是村级民主监督最强有力的方式。

一、罢免的含义

罢免就是村民认为尚在任职期间的村民委员会成员不称职或者对其任职表现不满意，而通过法律规定的程序解除其职务的监督行为。这是村民监督村民委员会成员的一种手段，也是村民选举活动的继续。村民委员会组织法设置专款对其规定，有利于保证村民罢免意愿的实现，又避免了罢免行为的随意性，有利于保持村庄政治稳定。

罢免村民委员会的权利，即罢免权，只属于有选举权的村民。其他组织和个人都无权随意罢免村民委员会组成成员的职务。这主要是因为村民委员会是由本村有选举权的村民直接选举产生，其权利来源于村民授权，也只能由村民剥夺，其他任何组织和个人都无此权利，否则，应予纠正。

二、罢免的提出与建议

《中华人民共和国村民委员会组织法》规定：“本村五分之一以上有选举权的村民或者三分之一以上的村民代表联名，可以提出罢免村民委员会成员的要求。”可见罢免的提出就是村民在村民委员会成员任期届满以前，要求免除村民委员会组成成员的职务的提议和要求。为保障村庄政治的稳定性，避免罢免的随意性和不必要的内耗，必须对罢免提出设置一定的限制条件。这包括两方面的内容：

一是村民提出罢免要求有人数上的限制。根据村民委员会组织法的规定，提出罢免要求，需有本村五分之一以上有选举权的村民联名或者三分之一以上的村民代表联名。

二是必须要有罢免理由。提出罢免要求应当写明罢免理由，以便于村民鉴别和判断。村民委员会组织法并没有对罢免主体的罢免理由作出罗列式的规定。在实践中，罢免理由主要有几个方面：一是村民委员会成员违反村民自治的规范性文件，包括违反宪法、法律、法规和国家政策，不遵守并组织实施村民自治章程、村规民约，消极执行或者拒不执行村民会议、村民代表会议的决定、决议等；二是道德和纪律方面的理由，如办事不公道、道德品质败坏等；三是工作不称职，如没有兑现选举时的承诺或者不认真履行村民委员会成员的职责等。

《湖北省村民委员会选举办法》中规定，乡镇政府拥有对村民委员会成员的罢免建议权。村民委员会成员有下列情形之一的，乡级人民政府可以向村民委员会提出书面罢免建议：违反法律、法规，不适合继续担任村民委员会成员的；失职、渎职造成村民利益重大损失的；连续三个月以上无正当理由不参加村民委员会工作的。

三、被提出罢免要求的村民委员会成员的申辩权

针对村民提出的罢免理由，被提出罢免的村民委员会成员有申辩权。申辩的内容包括罢免理由的事实根据、主观动机、客观原因、危害后果的轻重、事后改正情况等。申辩可以是书面的，也可以在罢免会议上口头申辩。为了保证罢免的公正性，受理罢免的机构在收到罢免要求后，应当及时将罢免要求副本送达被提出罢免要求的村民委员会成员，或将罢免要求的内容告知被提出罢免要求的村民委员会。被提出罢免的村民委员会成员作出的书面申辩意见，也应当采取适当的形式让村民了解和知晓，以便村民在投票表决罢免要求时作出正确的判断。

四、罢免会议

罢免会议召集的主体，在村民委员会组织法中未作明确要求。根据《湖北省村民委员会选举办法》第四十条的规定：“村民委员会应当自接到罢免要求书或者罢免建议书之日起的一个月内召开村民会议，投票表决罢免要求或者罢免建议。村民委员会在一个月内拒绝召开村民会议投票表决罢免要求的，乡级人民政府应当召集村民会议，投票表决罢免要求。表决和罢免结果报乡级人民政府和县级人民政府民政部门备案。”可见村民委员会和乡镇政府都有权力召开罢免会议。

罢免会议的人员组成。村民委员会组织法规定村民会议由本村十八周

岁以上的村民组成；召开村民会议，应当有本村十八周岁以上村民的过半数，或者本村三分之二以上的户代表参加。但罢免村民委员会成员的村民会议并不是普通的村民会议，它由本村年满十八周岁、享有选举权和被选举权的村民所组成，并且不能以户代表的形式召开。

罢免的通过，村民委员会组织法规定实行“双过半”，也就是“有登记参加选举的村民过半数投票，并须经投票的村民过半数通过”。

五、罢免的结果

关于罢免会议的表决结果公布及其形式的问题，村民委员会组织法并没有规定。根据《湖北省村民委员会选举办法》的规定，罢免获得通过的，被罢免的村民委员会成员自通过之日起终止职务，十日内办理工作交接手续。罢免未获通过的，村民、村民代表或者乡级人民政府在六个月内不得以同一事实和理由再次提出罢免要求或者罢免建议。

第六节　民主监督创新案例

村级民主监督是村民自治的重要内容，也是村党组织领导的充满活力的村民自治机制的重要保障。村民自治工作开展以来，各地在探索村级民主监督方面涌现出许多值得借鉴的好做法。现将有关案例摘编如下，供大家参考。

一、村务监督委员会

浙江武义：村务监督委员会[①]

编者按：为解决农村财务不公开、决策不民主、管理无规章等问题，

① 摘编自人民网《浙江深入推进村务监督委员会建设　向制度化方向迈进——浙江深入推进村务监督委员会建设纪实》http：//politics. people. com. cn/GB/14562/15331857. html。

2004年6月，浙江省武义县后陈村在全国率先创建了村务监督委员会，这一大胆创新举措，使浙江在加强基层民主管理和农村党风廉政建设方面迈出了积极的步伐。在浙江省委、省政府和省纪委的大力推动下，村务监督委员会这个新生事物，于2009年在浙江全省农村“落地生根”。实践证明，建立村务监督委员会，是完善村民自治制度、推进基层民主政治建设的有益探索，是规范村干部用钱用权行为、推进农村党风廉政建设的有力抓手，是加强和创新社会管理、促进农村社会和谐稳定的有效载体。

2011年2月，中央多位领导同志相继作出批示，高度肯定浙江农村建立村务监督委员会的实践成果。为此，本刊记者日前专门深入浙江农村进行了实地采访，请看本期特别报道——

“不合理的支出，数额再小也不能报销。”在浙江省武义县后陈村，今年年初刚当选为村务监督委员会主任的徐岳祥，边说边向记者打开后陈村几年来的账目簿。从几十万元到几元，一笔笔收支情况都清晰地记录在册，每笔收支的最后，都有村务监督委员主任的审核签名。这是浙江在全省农村建立村务监督委员会后的一个明显变化。

时任浙江省委书记赵洪祝对村务监督委员会工作高度重视，提出要在完善制度规范、增强监督实效上下功夫，尤其要突出对群众关心的村务活动的监督。记者了解到，在前些年实践探索的基础上，浙江省委和省纪委从加强基层民主建设、深入推进农村党风廉政建设和农村改革发展稳定的高度，采取有力措施，大力推进村务监督委员会建设，于2009年年底在全省3万余个行政村实现了“全覆盖”；2010年7月，颁布《村务监督委员会工作规程（试行）》，标志着浙江全省村务监督委员会建设迈入了制度化建设阶段；2011年1月出台《关于认真做好2011年村务监督委员会换届选举工作的意见》；2011年3月印发《关于进一步加强村务监督委员会建设的意见》……

据国家统计局在浙江省的最新问卷调查显示，目前浙江省近八成的农民群众对农村党风廉政建设表示满意或认可。浙江省委常委、省纪委书记任泽民告诉记者，近年来由于积极推进村务监督委员会建设，浙江全省纪检监察机关受理反映农村干部的信访举报逐年下降，零上访村逐年递增。

探索：开拓村务监督新途径

长期以来，由于农村民主监督缺位乏力，导致“村官”腐败频频发生。近年来，随着浙江新农村建设步伐加快，财政投入和农村集体经济的增长，一些新问题随之出现，特别是因村财务不公开、决策不民主、管理无规章引发的村民上访事件不断发生。从浙江查处案件看，农村党员干部案件占总数的55%以上，纪检监察机关受理反映基层党员干部的信访举报件占信访总量的70%以上。

武义县白洋街道后陈村，是浙江省村务监督委员会的发源地。2004年，村里拿到土地补偿款100万元。这笔钱怎么花，引发村民上访风波迭起。村民诉求就两个字：“分钱。”而村干部的拒绝理由却是：“不分，用来发展集体经济。”县、镇领导多次协商调解，都没有结果。很快，上级派来的工作组进驻了这个村，经过一个月调查了解，摸清村民的心思：此前村里有个采沙场，承包给谁？承包款多少？钱花到哪儿？村民大多不知，只知道每年至少几十万元的承包费，村民一分没见着，而连续有3任村干部都因经济问题“落马”。这次转让土地的钱，放在村里，村民不放心，担心又被村干部“挪用侵吞”。

工作组与村干部、村民代表连续4天开会到深夜，最终达成共识：设立第三方监督组织。

2004年6月18日，后陈村召开村民代表会议，通过了建立村务监督委员会的决议，并选举产生了全国首个村务监督委员会。成员由村民代表大会选举产生，只对村民代表大会负责，其职责是监督村委会工作。同时规定，村里所有财务开支，必须经村务监督委员会审核。此举，开创了全国先河。

浙江省纪委副书记、监察厅厅长马光明和时任浙江省纪委常委张伟斌介绍，近年来，面对村级民主监督乏力的难题，浙江各地不断对村级民主监督的组织形式进行探索和创新。2004年，在武义县后陈村选举产生了全国第一个村务监督委员会。随后，温岭、天台、嘉善等地也相继建立了村级民主监督机构。浙江省委对各地涌现出的这些探索与实践十分重视，时任省委书记的习近平同志亲自到后陈村调研，肯定这一做法“是农村基层民主的有益探索，是积极的、有意义的，符合基层民主管理的大方向”，并对总结完善村级组织监督机制提出了明确的指导意见。

之后，浙江省委常委会多次专题研究村务监督委员会工作，对村务监督委员会工作进行总结。时任浙江省委书记赵洪祝提出：“要把村务监督委员会工作摆上重要议事日程，纳入社会主义新农村建设和农村组织建设的整体规划，进一步建立健全村务监督组织，全面落实党员群众的知情权和监督权，真正把问题化解在萌芽状态，把矛盾化解在基层。”

推进：在 3 万个行政村实现全覆盖

加强村务监督委员会建设，实现了村民对村务管理进行事前、事中、事后的全程监督，有力地促进了基层党风廉政建设和农村和谐稳定。经过几年的探索，浙江省委、省政府和省纪委认为，总结推广“后陈经验”、在全省建立村务监督委员会的时机成熟了。于是，在 2008 年，《关于完善村级民主监督组织，加强村级民主监督试点工作的意见》，以浙江省委、省政府办公厅文件的形式下发全省。

时任浙江省委书记赵洪祝要求全省各地把加强村务监督委员会建设作为农村组织建设和党风廉政建设的重要抓手，大胆创新、勇于实践，探索一条符合浙江农村实际的村级民主监督新路子。时任浙江省委副书记、省长吕祖善和省委常委、省纪委书记任泽民也多次就村务监督委员会工作进行专题调研，要求不断总结完善，做好推广工作。

省委有部署，各地有行动。按照“试点先行，总结完善，稳步推进”的思路，建立村务监督委员会这项工作，在台州、嘉兴、湖州等全省各地积极稳妥地展开了。比如，天台县为推进村务监督委员会建设，专门出台村务监督委员会监督员培训规划，规定定期召开村务监督员“碰头会”，交流工作中遇到的难题和取得的经验，解决不会监督、越权监督的问题；武义、天台等地均设立投诉举报电话，明确监督员可直接向镇、县两级纪委反映问题，解决监督员不敢、不能监督的问题；不少地方还开展“满意村监会”创建活动，由村民代表会议对监委会成员进行信任度测评，解决不愿监督的问题。

在全省各级党委、政府和纪检监察机关的共同努力下，在广大农村群众的积极支持和参与下，到2009年年底，全省30032个行政村全部建立了村务监督委员会，覆盖面达到100%。

规范：向制度化方向迈进

浙江省委常委、省纪委书记任泽民多次强调，要充分发挥村务监督委员会的作用，必须从制度建设入手，确保其设置科学、定位准确、职能明晰，走规范化、制度化之路。基于这一认识，去年7月，浙江省纪委在深入调查研究，认真总结实践经验的基础上，起草了《浙江省村务监督委员会工作规程（试行）》，并报请省委、省政府办公厅审核印发。规程通过全面规范村务监督委员会工作，进一步实现了基层民主管理、民主决策、民主监督各项工作的有机统一，为浙江进一步加强村务监督委员会建设掀开了新的一页。

记者看到，这份由省委办公厅、省政府办公厅印发的《浙江省村务监督委员会工作规程（试行）》，进一步完善了以村党组织为领导核心、村民会议和村民代表会议为决策机构、村民委员会为执行机构、村级民主监督组织充分发挥监督作用的村民自治机制，从制度上保障了农民群众的知情权、决策权、参与权、监督权。规程同时规范了监督内容，把对村务决策、村务公开、村级集体“三资”管理、村工程建设项目的监督作为主要内容，并制定了具体的监督步骤，明确了“收集民意—调查分析—监督落实—通报反馈”的监督程序。为确保监督到位，规程还要求建立工作例会、学习培训、工作报告、考评、申诉救济和保障等七项制度。

据了解，浙江规定各村村务监督委员会设主任1名，成员2—4名，由村民会议或村民代表会议民主选举产生，任期与村民委员会相同，可根据实际需要下设村务公开、财务监督、工程招投标等小组；规定村级民主监督组织在无法履行合法、有效的监督时，可以向乡镇（街道）及其有关组织和部门提出申请，上级部门接到申请后应及时予以答复和妥善处理；规定村级民主监督组织不直接参与具体村务的决策和管理，并每半年向村民会议或村民代表会议报告一次工作；每年由村民代表会议对其成员进行年度信任度测评，信任票率不到应到会村民代表人数 50% 的，责令辞职，由村民会议或村民代表会议选举新的成员等。

完善：确保监督在正常轨道运行

为确保村级民主监督工作的正确方向，浙江省在建立健全村务监督委员会的工作中，始终坚持以党的领导为根本，以法律法规为准绳，以推进基层民主为目标，以加强监督组织自身建设为基础的指导思想。

记者了解到，建立和规范村务监督委员会工作，改变了村“两委”主要领导既是“运动员”又是“裁判员”的状况，有效地化解了基层矛盾，极大地提高了村级民主自治和民主监督能力，有力地促进了农村党风廉政建设。

在湖州市昆铜乡钱坑桥村，村民们最近经常看到吴长生到村里的生态河道工程工地上走走转转，一看工程进度，二看工程质量。吴长生说，这是村里百姓交给他的“任务”。

钱坑桥村成立村务监督委员会时，吴长生被选为监委会主任，从此，他就成了村务监督员：列席村“两委”班子会议，监督村务财务公开情况，审核财务报账凭证，必要时，还建议召开村民代表会议……

像吴长生这样的监督员，目前浙江全省有数万名。然而，面对监督，村干部大多不恼反喜：“有了监委会，我们更能放开手脚干工作。”在天台县街头镇后岸村，村干部讲了这样一件事：村里进行“农居改造”，有部分村民需要先拆房。70 多岁的陈定山老人带头表态：“尽管拆。”村干部问：“您住哪儿？”老人答：“不用管，自己解决。”老人对大伙说，村干部办了什么事，花了多少钱，通过监委会的公开，他都看在眼里，知道村干部是真心为老百姓办事。村务监督委员会监督村“两委”工作，及时发现村务工作中的差错和问题并启动纠错程序，促进农村党风廉政建设。与此同时，监委会成员为村民答疑解惑、消除村民对“村官”和村务的误解，搭建起干群对话的平台和桥梁。

时任浙江省纪委常委张伟斌表示，过去因为基层监督缺位乏力，有的地方村民自治往往成了“村官”自治。村民监督委员会的建立和规程的出台，有效地消除了村民对村务活动的各种猜疑和不信任，使广大村民的知情权、参与权和监督权有了很大的提升，村干部与群众之间的沟通多了，关系更融洽了，村干部的工作干劲更大了。

成效：实实在在看得见

原来干群矛盾突出的武义县后陈村，自从成立村务监督委员会后，村里大小建设项目都得招投标，重大事项必须听证。通过公开招投标，有效节约了村公共建设费用的支出，增加了村集体土地承包款等收益；通过监委会跟踪监管，提高了村公共建设工程质量；通过账务审核，有效杜绝了各种不合理的开支，村里年招待费明显下降。现在，后陈村的各项租金年固定收入就可达230万余元。村民人均年收入从2004年的4100元上升至6000元左右；村民年终分红从过去的没有到现在的1200元，60岁以上的老人每年还能获得500元的养老金。据统计，6年来后陈村的所有财务支出总额2405万余元，而其中招待费一项只有39万余元，仅占所有支出的16‰。村里所有支出都必须通过村务监督委员会的监督，几年下来全村节支400多万元。

地处嘉善县开发区的优家村，因征地拆迁有了上亿元的集体资金。但是由于管理不规范，加上原村“两委”领导有经济问题，干群矛盾突出，群众多次到省、市、县反映村干部的问题。开发区领导陈贤明在办公室几乎天天接待优家村的上访村民，“我们都说优家村该叫‘忧心村’。”

今年67岁的屠龙春，是嘉善县出了名的上访户。因为“村集体经济比较混乱，重大经济问题从来都不讨论，所以我要求上级来审查我们村的账目。”从2003年到2005年连续三年，他就去省里上访30多次，到北京上访1次。“几年来光上访车费就花了5000多元，打印的上访资料我一个人都挑不动。”在上级有关部门的帮助下，优家村不但查清了账目，处理了相关人员，而且更重要的是，选出了村务监督委员会。通过加强村务公开和村务监督，民怨应声而降。屠龙春感慨地说：“现在，有意见我通过村务监督委员会去反映，因为公开、公正，大家也都放心了。”

可以说，浙江省村务监督委员会的全面推行，完善了以村党组织为领导核心、村民会议和村民代表会议为决策机构、村民委员会为执行机构、村务监督委员会充分发挥监督作用的村民自治机制，为保障农民群众的知情权、决策权、参与权、监督权开辟了新途径，在加强基层民主监督、促进村干部廉洁等方面起到了积极的作用。据统计，浙江建立村务监督委员会制度后，全省纪检监察机关受理反映农村党员干部的信访举报同比逐年下降，2009 年下降了 6.71%，2010 年又下降 15.5%。

正如浙江省委常委、省纪委书记任泽民总结的那样：浙江农村的实践证明，加强村务监督委员会建设，是完善村民自治制度、推进基层民主政治建设的有益探索，是规范村干部用钱用权行为、推进农村党风廉政建设的有力抓手，是加强和创新社会管理、促进农村社会和谐稳定的有效载体，是畅通联系沟通渠道、密切党群干群关系的积极举措。

2011 年 2 月，习近平、贺国强、回良玉、李源潮等中央领导同志相继作出批示，高度肯定浙江的实践成果。2 月 25 日，浙江召开全省市、县（市、区）纪委书记会议，专门学习贯彻中央领导同志的批示精神。浙江省委常委、省纪委书记任泽民在会上又向全省发出动员令："一定要深刻领会、准确把握中央领导同志的批示精神，进一步统一思想、提高认识，切实增强紧迫性和责任感，认真做好村务监督委员会工作，扎实推进农村党风廉政建设和基层民主政治建设。"

二、阳光农廉网

山西运城：阳光农廉网[①]

进入 21 世纪以来，农业发生了功能性、农民发生了观念性、农村发生了体制性的深刻变化，"三农"已不是传统意义上的"三农"。如何针对"三农"出现的新情况、新特点、新形势，加强农村经济管理和农村基层党风廉政建设，有效推进农村社会和谐发展，中共运城市纪委、运城市监察局、运城市农委以"运城阳光农廉网"（以下简称"农廉网"）为载体，

---

① 中国农经信息网《"农廉网"助推农村和谐发展——山西省运城市阳光农廉网建设实践调查与思考》http：//www. caein. com/index. asp？NewsID = 75908&xAction = xReadNews。

进行了大胆探索和实践，取得了明显效果。

一、顺从民愿，科学破解农廉建设难题

党的十六大特别是十七大以后，随着农村改革的持续深入，“三提五统”和农业税相继取消，不再是“大红公章手中拿，全村事务我当家”的原有格局，农村与体制的关系、农业与市场的关系、农民与政治的关系日益凸显，特别是农村广大党员、干部、群众的工作、生产、生活的空间发生了巨大变化，建设美好生活实践中所产生的庞大信息流的交流、沟通都为农村基层党风廉政建设提出了全新要求。为此，他们大胆运筹、科学规划，从农民群众“知情权”、“监督权”和“‘三农’服务”三个方面切入，以“运城农经信息网”为依托，构建“农廉网”，使农村基层党风廉政建设走进了“阳光地带”。

从“知情”切入，满足农民群众渴望民主政治诉求。“农廉网”构建之初，他们把满足农民群众的知情权作为基本愿望。“农廉网”是村务信息公开的一扇重要窗口。各种强农惠农政策、土地流转制度、农村低保对象指标、涉农资金的使用等涉农信息都在网上及时公布和更新，外出务工人员轻点鼠标就可以参与重大决策的投票和表决，满足了群众的知情权、管理权和决策权。

从“监督”切入，满足农民群众参与村民自治热情。“农廉网”建设之中，他们把满足农民群众的监督愿望作为基本要求。“农廉网”以最大限度地保证农民群众的监督权为出发点和落脚点，使农民群众能够更便捷、更直接、更真实地了解到各项农村事务，更全面、更严格、更有效地对干部实行民主监督，进而激发主人翁热情，积极参与村级民主政治建设。基于此，“农廉网”发挥了规范权力运行、维护群众权益、融洽干群关系的作用，激发了农村基层党组织创先争优活力，增强了农村党员干部全心全意为农民群众服务意识。

从服务切入，满足农民群众信息需求。在“农廉网”运行过程中，他们把为农民群众提供经济、政治、文化信息服务作为基本目标。“农廉网”依托现代信息技术，搭建了为农服务的“直通车道”，不仅使农民群众对各项党的强农惠农政策信息知道得一清二楚，对涉及切身利益事项一目了然，而且还将农业科技、产业发展、市场营销、产销衔接等信息及时传送到农民群众中去。

二、关注民意，创新探索阳光农廉途径

在“农廉网”建设中，运城市以创新性思维探索新路径，做到了“五统一”：

统一服务平台。“农廉网”是运城市在农村基层党风廉政建设中，立足提升反腐倡廉科学化水平，投入资金2000余万元，构建的“以互联网络为支撑、以13个县（市、区）和153个乡（镇、办）以及市县涉农成员单位的农廉服务大厅为骨干、以3197个行政村农廉监督服务查询点为网络、以4000余台电脑为终端”的涉农信息公开网络平台。“农廉网”将市县乡村四级涉农事务、政策法规、强农惠农政策、乡镇及站（所）应公开的党务、政务、村务、财务等信息在网络上公开发布，为全市农民群众咨询、查询、监督提供统一服务。

在“农廉网”运行服务中，全市各县（市、区）农廉办、农经中心、农廉服务大厅和乡镇会计服务中心各司其职：县（市、区）农廉办组织协调网络建设，县农廉成员单位、各乡镇各负其责做好公开信息资料收集、整理、报送，县（市、区）农经中心负责管理本县（市、区）网络信息服务器链接、运行、维护和信息资料汇总审核、上传录入，县乡（镇）农廉服务大厅统一安装了电脑、电子显示屏、电子触摸屏，便于农民群众上网进行信息查询。

统一公开内容。“农廉网”统一公开的内容主要包括六个方面：一是公开各项惠农政策。对党中央、国务院和省市县的各项开发农业、惠及农民、发展农村的政策全部在网上公布，让群众心里清楚、干有劲头。二是公开支农专项资金使用情况。把群众最为关注的中央、省、市扶持“三农”资金的来龙去脉和使用走向一项一项公布，接受群众监督。三是公开“党务、村务、财务”。“三务”作为“农廉网”重要公开内容做到了应公开尽公开。“农廉网”开通后，把“三务”公开的内容录入上网，变墙上公开为网上公开，既能使公开内容长久保存，又能方便广大农民群众和有关方面的查阅和监督。四是公开“资金、资产、资源”管理。全市所有农村的资金、资产和资源情况全部放在网上，并对“三资”数据库实行了动态化管理，让农民群众对自己的“家当”心里有底。五是公开村支部提议、支村委商议、党员大会审议、村民代表大会或全体村民大会决议的内容和实施结果。“农廉网”把村级民主决策过程在网上公开，不仅方便群众了解、监督，而且还便于大范围征求、吸收农民群众的合理化意见和建议，使农村民主化程度不断提升。六是公开农业科技和农产品市场信息。充分利用“农廉网”的信息传递优势，通过收集、分类、归纳，及时不断地将国内外、省内外的农业科技信息、市场信息在网上公布，积极引导农民群众从事产业化经营。据统计，目前“农廉网”统一公开的信息量已经达到71项17万条80余万笔。

统一制度设计。硬件建设是关键，制度建设是灵魂。运城市“农廉网”建设中，把制度建设作为事关根本、牵动全局、影响长期的大事来抓，有针对性地出台了“公开事宜报告审核、群众咨询反馈回访、群众意见统计汇总梳理分析、党政干部值班约谈、重大事项会商、工作自查自纠、支农惠农信息发布、工作人员管理”八个方面的规章制度，覆盖“农廉网”运行的各个环节。在制度的规范下，所有上网公开信息实行科学分类，逐级审核，分级负责，严明责任，确保了公开内容的规范、严谨；对群众咨询，按照“群众咨询、网络沟通、群众不动、部门联动”的原则，从人员上岗、来人接待、咨询登记、约谈答复、抽查回访，都有相应的制度予以规范，形成了环环紧扣、系统完整的操作流程，使咨询者随时随地能及时反映和解决问题，大大方便了农民群众的生产、生活。

统一监督运行。为了充分发挥“农廉网”公开、监督的平台作用，运城市从三个方面加大监督网络运行力度：一是在“农廉网”设立监督评议栏，让群众对网络运行进行监督，对服务水平进行评议，通过QQ面对面地进行沟通，发现和提出问题、督促解决问题、品评网络运行效果；二是在阳光农廉服务大厅安装监控视频设备，监督工作人员上岗离岗情况，以保障“农廉网”公平、有序、健康运行，确保发布的各项惠农支农政策执行不缺项、落实下去不走样、公开内容不虚假、运转正常不间断；三是健全制度监督约束机制，制定了《服务大厅工作人员守则》、《服务大厅工作人员规范》，要求工作人员做到爱岗敬业、举止文明、提高效能。运城市对“农廉网”和服务大厅运行的监督，有机地把网络监督的公开性、科技监督的强制性、制度监督的权威性、社会监督的群众性融为一体，放大了监督能量，形成了监督合力，强化了监督效果。有效的监督，使运城市“农廉网”和服务大厅运行始终做到了“五个一样”，即“受理、咨询一样热情，生人、熟人一样和气，干部、群众一样尊重，忙时、闲时一样耐心，来早、来晚一样接待”。

统一联系方式。全市13个县（市、区）涉农单位和153个乡（镇、办）的主要领导分别专设了电话、网络QQ联系方式，方便农民群众与领导干部进行“零距离”在线交流。他们采取的主要办法是：一是统一公开QQ群随时联系。统一将县（市、区）涉农单位和农经部门的所有QQ号在“农廉网”、当地主要媒体和各级阳光农廉监管服务中心（查询点）予以公布。二是领导排班在线等候联系。分别以县（市、区）和乡（镇、办）为单位，逐月排定值班表，县（市、区）阳光农廉大厅每天安排1～3名涉农单位主要领导，乡（镇、办）农廉大厅每天安排1名乡镇班子成员，参与在线通话，接受群众咨询。三是预约谈话答复经常联系。对在非领导值班日，一些群众提出的视频对话请求，各涉农单位和乡（镇、办）必须和当事人约定下次由主要领导予以答复的时间。目前，全市在“农廉网”上开展QQ视频对话1.66万余人次，妥善化解了1.82万余项涉及群众切身利益的突出问题。

“农廉网”的建设和运行实践，带来了全市农村经济管理和农村基层党组织党风廉政建设“五大转变”：

村干部由“被动监督”转变为“主动接受监督”。过去，村干部对监督一般都有逆反心态，认为“监督”就是信不过，常常使监督缺乏应有效力。可是，在现实生活中，一些基层干部，确实有多拿多吃多占的毛病，村里的啥事都蒙着来、背着干，有点私欲难免伸手，不进行有效监督就会“基础不牢，地动山摇”。如今，“农廉网”把强农惠农事项都公布在网上，涵盖了农民群众最为关心、关注的农村党务、政务和财务，群众一上网啥都清清楚楚、明明白白，对干部监督心里有了底数，一下子“网”住了基层干部胡作非为的手脚，从根本上解决了让基层干部“不敢”、“不能”、“不想”腐败的问题，自觉主动地接受群众的监督。这样，村里躲躲闪闪的事少了、捏捏蹿蹿的事没了，农民群众人心齐了，村干部“精、气、神”提了。

工作监督由“部分”转变为“全方位”。给群众一个明白，还干部一个清白，是“农廉网”建设的题中应有之义。以往，由于缺乏监督的渠道和平台，对村干部只能是局部的监督，一些村干部经常是出力不讨好，做事受猜疑。“农廉网”运行之后，党中央有哪些惠农政策，上级部门拨付了多少涉农资金，干部们做了些什么，为群众干了些什么，差不多全在网上，村民把鼠标一点就弄清楚了，疑虑消除了，对干部的工作自然就会支持和理解。同时，村干部的承诺与工作目标，也都放在网上，村干部要做哪些工作，要完成什么样的目标任务，不仅本村人关注，邻村、乡里、镇里、县里、市里的人也会关注，无形之中给村干部带来了压力、注入了动力。

为农服务由“被动”转变为“主动”。让中央的支农惠农政策和各种补贴不折不扣、全面彻底地惠及农民群众，是“农廉网”确立的最高服务宗旨。“农廉网”把畅通群众诉求渠道作为“主动服务”的切入点，做到了“四全”：一是全覆盖。“农廉网”链接到全市所有行政村，实现了“村村通”，确保农廉成果惠及全市每个群众。二是全公开。对“党的强农惠农政策、农村村务、农村财务以及各涉农部门的办事依据、程序、过程、结果、服务承诺、违诺违纪的投诉处理途径”等及时、准确、彻底、全面公开。三是全监管。对入网信息实行分级上报，严把“村级报送关、乡镇审核关、县级审批关、责任追究关”四道“关口”，在内容、形式、程序、时间、监督、反馈、档案等方面做到“七规范”。四是全透明。对群众投诉问题的解决程序，形成了“纪委牵头、‘三堂会审’，马上协商解决—不定时回访—直查快办”的透明机制；对群众投诉问题的解决结果，还可以 QQ 上沟通、备忘台备忘录查询、约谈卡质询。对此，工作人员深有感触地说：“有了‘农廉网’，服务更顺畅。”

农民维权由“跑腿磨嘴上访”转变为“信息沟通上网”。群众的点击率是“农廉网”的生命所在。由于“农廉网”涵盖了农民群众关心、关注的绝大多数农村事务，因而深受基层群众欢迎。“农廉网”针对不同信息的特点，因事制宜，确定公开时限：对强农惠农政策、涉农单位办事制度等信息实行长期公开；对农村“三资”管理、农村“两委”干部履行承诺信息实行每季度末统一网上定期公开；对各村集体资产处置、承包合同、宅基地审批信息，县、乡、村、组四级全部在每月末及时公开。为了方便农民群众，全市每个村配备了一台电脑，并指定3300余名大学生“村官”、村民监督小组负责人管理和维护，引导、帮助群众“上网查询”。据统计，目前通过“农廉网”接受投诉问题解决率达到93%；点击量达到575万多人次，有效堵塞农村不合理开支和防止集体资产资源流失达6.1亿元，全市涉农信访量同比下降了43.7%。总之，海量的信息使农民维护权益、掌握政策、了解村情“不必东奔西走，只需鼠标在手”。万荣县高村乡村民陈秉鸿这样说：“以前农村‘三务公开’，贴在墙上，写在黑板上，不是被雨水冲了，就是让风刮了。现在‘农廉网’随时可以点击查询查阅，还能通过QQ‘面对面’沟通，真是鼠标轻轻点、政策在眼前、连上网络线、难事也好办。”

群众知情由“心存余悸”转变为“理直气壮”。过去，在信息难以沟通的情况下，群众知情的欲望往往被“怕惹出麻烦”、“怕得罪干部”的心悸所泯灭。“农廉网”开通后，群众“怕”的念头打消了，维护自身利益的意识增强了。正如运城市平陆县张店镇风口村村民马春平所说的那样：“既然领导们在电视上公开承诺接受监督，那我们就查得理所当然、问得理直气壮；通过网上咨询，领导们的态度还真是那么好，今后再有问题，我们还要通过这种办法解决。”

三、倾听民声，持续长效惠及农民群众

“农廉网”真正和谐了一方社会。“农廉网”不仅是落实党的各项农村政策的“助推器”，而且是政府与农民群众的“连心桥”。综观运城阳光“农廉网”长效发力、持续惠民的实践，五大启示可资借鉴：

党组织重视是保证。运城建设“农廉网”的成功实践告诉我们，全市各级党组织高度重视是“农廉网”建设的保证。“农廉网”从提出到规划、从实施到建成运行、从日常管理到发挥巨大作用，无不渗透着市委和市政府、县（市、区）委和政府的关心关怀关注，无不倾注着乡镇党委政府和村党支部村委会的心血和汗水，才使这一事关农村基层党组织地位和执政能力、攸关千家万户和每个农民利益的“网上阳光平台”真正构建到位。

廉政自觉是核心。廉政自觉，是对廉政建设规律、使命的深刻认识和准确把握。面对当今廉政建设的新形势，面对农民群众对基层党组织党风廉政建设的新期待，运城市创造性地把廉政文化和网络科技结合在一起，从网络平台、制度设计、政策法规、利益保障、道德建设等方面及时跟进，使廉政价值理念、道德规范转化为农村基层党组织的廉政自觉行为。“农廉网”不仅让“廉政自觉”成为农民群众最基本的文化认同，而且使“廉政自觉”成为农村党员干部廉洁为民的精神和行为追求。有了这种精神和行为，就会不断激发农村党员干部心灵中的“廉政”因子，提升境界、升华品格，从自己做起，从平时做起，从一点一滴做起，引导、培养全社会的“廉政自觉”，使“廉政自觉”成为时代主流。

网络科技是支撑。“农廉网”是充分运用现代信息技术手段，依托运城“农经信息网”，在全市农村建立起来的农廉工作监督平台，是一个内容全面、功能齐全、渠道畅通、咨询便捷、反馈及时的信息服务的科技网络系统，是农村“三公”分开、“三资”管理、农村基层党组织廉政建设信息和现代高科技信息技术高度融合的产物。在网络科技的支撑下，“农廉网”拥有的“三农”公开数据库、农村“三资”管理软件，将农村基层党组织廉政建设始终置于网络阳光之下。总之，“农廉网”充分运用现代信息技术，具有浏览性、具象性、关联性、互动性、便捷性、易存性、长效性的特点和不易更改、容量巨大优势，是农村基层党组织反腐倡廉体制机制的重大创新。

注重落实是关键。“农廉网”之所以能在农村基层党组织党风廉政建设中发挥举足轻重作用，是狠抓落实的结果。抓落实的过程就是一个在实践中以科学的思想方法、工作方法解放思想、求真务实、开拓创新的过程，是人与事、说与做、时间与成效完美结合的过程。运城市在“农廉网”建设中敢于抓落实、勤于抓落实、善于抓落实、严于抓落实，对一些全局性的重点工作和难点问题，领导干部要既挂帅又出征，把工作往深里做、往实里做，具体抓、抓具体，抓落实典型、抓重点落实，出了一批落实成果，成功推动了全市农村基层党组织廉政建设。

农民群众满意是目的。农民群众满意，赋予了“农廉网”真正的价值；农民群众支持，给予了“农廉网”不竭的动力。“农廉网”得到群众的信任和支持，源于运城市坚持把群众观点贯穿于“农廉网”建设、运行、管理始终。“农廉网”工作人员以敏锐的政治态度，善于在群众的咨询中发现问题；以饱满的负责精神，把群众反映的问题在第一时间解决；以热情的咨询服务，及时、准确地为农民群众释疑解惑；依法依纪依规答复好群众咨询、解决好群众提出的问题，把出现的矛盾排查在萌芽状态。为了提高农民群众对“农廉网”的满意度，运城市还十分注重“农廉网”工作人员的思想道德建设，在每个工作人员都熟悉全局、精通业务的基础上，文明接待、优质服务，不断提高为农村改革发展服务的本领和水平，切实使“农廉网”在群众的不断满意中提升服务水平，在提升服务水平中不断使群众更加满意。正因为如此，“农廉网”，事事为群众着想，处处让群众满意，真正代表了农民群众的根本利益，从而使农村和谐发展获得了永续发展的动力。

三、阳光村务

河南泌阳：阳光村务[①]

泌阳市位于河南省西北部，辖 13 个乡（镇、街道）和 307 个村、25 个城镇社区，总人口约 50 万，其中农业人口 38.2 万。近年来，该市探索出以“阳光村务面对面、为民服务零距离”活动为载体的工作机制，有效

① 整理自全国村务公开民主管理工作会议发言材料：《阳光村务面对面　为民服务零距离　不断开创村务公开民主管理工作新局面》。

规范了村级事务决策程序，密切了党群、干群关系，促进了农村经济社会和谐发展。

一、突出工作特色，着力打造阳光村务

（一）面对面决策，确保民主决策阳光运作。为确保村级事务决策的民主化、规范化和制度化，要求农村重大决策、重大项目安排、重要岗位人员聘用以及大额资金使用等“三重一大”事项必须严格按照“四议两公开”进行民主决策，做到“事前事中群众参与、决策全程公开透明”，进一步突出群众在村务决策中的主体地位，防止了农村基层干部决策的随意性、盲目性。

（二）实打实监督，确保民主监督公开透明。主要采取三种方式：一是村务监督委员会监督。村村建立村务监督委员会，实行村务监督委员会列席村“两委”会议制度，负责对村“两委”成员执行党的路线方针政策、民主决策、民主管理和廉洁自律等情况进行监督。二是“明白卡”监督。在村务公开栏“点题栏”和“回音壁”等公开形式的基础上，全面推行“村务公开明白卡”发放到户制度，让村务公开从墙上“走下来”，直接进家入户。三是民主评议监督。各村每半年组织召开一次，村干部述职述廉民主评议大会，由党员和村民代表对村干部进行面对面评议，真正把评价村干部工作好坏的“裁判权”交给群众。

（三）心贴心服务，确保为民服务科学高效。把加强村务公开民主管理的落脚点放在促进农村经济发展、群众得到实惠上。一是创新服务载体。广泛开展“干群零距离”和“乡村夜话”活动。“干群零距离”要求每名乡村干部联系一户困难户，帮助解决生产生活中实际困难。“乡村夜话”要求乡村干部每周抽出一个晚上与群众面对面谈心、交流，做到进百家门、听百家言、知百家事、解百家难、暖百家心。二是健全服务网络。严格落实为民服务全程代理制，村村建立便民服务代理室，配备专兼职代理人员，并实现与乡镇便民服务中心和市行政服务中心的功能对接，形成了市、乡、村三级便民服务网络，使群众不出村就能办事、办成事。三是拓展服务内容。在提供20多项常规服务的基础上，我们还把就业培训、病虫害防治、农产品销售等10多项内容纳入服务范围，进一步拓展了为民服务的范围和内容.

二、建立长效机制，全面提升管理水平

（一）建制度，规范运作程序。先后修订完善了《农村基层民主管理工作责任追究办法》、《“三重一大”管理办法》、《村务监督委员会工作制度》等规章，农村干部开展工作有章可循，农民群众民主监督有制可依。特别是在第七届村委会换届选举工作中，全市采取“自荐直选”方式，率先在河南省完成村级组织换届选举工作。全市村级组织换届选举观察员制度和“先定事、后选人”选举机制，被中组部作为优秀经验推广。

（二）抓示范，坚持全面推进。坚持“抓两头、带中间”的工作推进机制。一是培育示范村。选择了150个基础条件好、群众认可度高的村作为试点村，充分发挥示范带动作用。例如，紫陵村的“大事听证”、西万村的“村委会主任接待日”、袁屯村的“电子村务”等创新做法，在全市范围内得到总结推广，赢得群众好评。二是治理后进村。对民主管理工作相对落后的村派驻工作组，制定改进方案，重点治理，重点帮扶，确保民主管理工作不留死角。三是带动一般村。定期组织一般村的村干部到示范村进行学习观摩，到后进村开展警示教育，促进了整体水平的提高。

（三）重督察，确保工作落实。实行村务公开民主管理“三级督察制度”。一是市领导包乡督察。每年1月和7月，由市五大班子领导带队，利用一周时间对分包乡（镇、街道）村务公开民主管理工作情况进行督察。二是市直单位包村督察。将全市所有村分解落实到26个市直部门，实行不定期督察，每季度召开工作例会通报情况、交流经验。三是乡（镇、街道）自查。要求各乡（镇、街道）对所辖村的村务公开民主管理工作情况，每季度至少进行一次摸底排查，发现问题，及时纠正。

三、注重实际效果，全力保和谐促发展

近年来，我市深入推进村务公开民主管理，取得良好成效。

（一）密切了干群关系。村务公开民主管理工作的深入开展，使所有涉及村民切身利益的事务、事项都置于群众监督之下，增强村务工作的透明度，真正实现“阳光村务”，减少了干群之间的误解和猜疑，密切了干群关系。2010 年以来，全市共消化解决农村各类矛盾纠纷 1200 余起，受理群众申办事项 2.7 万件，办结率达 100%，满意率达 97%。

（二）促进了经济发展。村务公开民主管理使农村的各项决策更具科学性和群众基础，减少了执行过程中的阻力，在全市上下形成了“聚精会神搞建设、一门心思谋发展”的良好氛围。2011 年，全市实现农业总产值 27.3 亿元，农民人均纯收入达到 9519 元，高出全国平均水平 2542 元。

（三）改善了民计民生。应广大农民群众的要求，全市以“新农保”、“新农合”等为主的农村社会保障体系在河南省率先实现了全覆盖。医药卫生体制综合改革试点工作已全面启动，群众就医费用平均下降 20%，看病难、看病贵问题得到有效缓解。正在规划建设的新型农村社区达到 32 个，电、路、气等资源将逐步实现城乡共享，为农村经济社会和谐发展奠定了坚实基础。

第七章　大力推进村民自治工作

经过30多年的探索和实践，我国村民自治工作取得了丰硕成果。然而随着广大农村经济社会的不断向前发展，对村民自治工作不断提出新的要求。因此，为保障和落实农民群众的民主权利、进一步推动村民自治实践的向前发展，需要进一步加强对村民自治工作的组织领导，更加重视村民自治的组织建设，不断创新村民自治的工作方式方法，并通过加强检查督导，将村民自治工作不断推向前进。

一、加强对村民自治工作的领导

大力推进村民自治工作，首先需要加强对村民自治的领导。加强村民自治工作的领导，就是要在村民自治过程中坚持党的领导、人民当家作主、依法治国的有机统一，不断推进村民自治制度化、规范化、程序化，要把贯彻实施《中华人民共和国村民委员会组织法》的成果转化为推进农村基层民主向前发展的强大动力，促使农村经济社会又好又快发展。

（一）要坚持党的领导，健全村党组织领导的充满活力的村民自治机制

党的领导是实现人民当家作主的根本保证，也是村委会组织法能够发挥自治作用的根本保证。在实践中，是党领导人民制定了一系列有关村民自治的路线、方针、政策、法律、法规，有效保证了村民自治有法可依和基层民主的切实实现，同时农村基层党组织和广大党员积极发挥领导核心作用和先锋模范作用，不断带领农民群众走上村民自治之路。因此，在村

民自治过程中，必须坚持党的领导，健全村党组织领导的充满活力的村民自治机制。

要充分发挥村党组织在村级民主选举中的领导核心作用。要在选举前做好宣传动员工作，积极参加村委会选举的各项准备活动。要在选举中把握正确方向，充分发挥党员的先锋模范作用。党支部成员和普通党员，要积极参加村委会选举、村民小组组长选举、村民代表选举，用党员的先进性去赢得群众的支持和拥护。要监督村民选举委员会认真执行法律、法规，认真细致地做好选举的各项工作，带头抵制各种违法行为。

要充分发挥村党组织在村级重大事务民主决策中的领导核心作用。村党组织要组织村民委员会和村民依法建立和完善村民会议和村民代表会议制度，完善村民自治章程和村规民约，规范村务公开特别是财务公开制度，加强民主监督，保障村民当家作主的权利。要建立和完善民主决策程序，召集党内会议和支部委员会、党支部和村委会联席会议，在民主协商基础上对村级重大事务进行决策，然后按照各自的职能组织实施。要在贯彻党的路线、方针、政策，履行公民义务，执行村民会议决定或村民代表会议决定上，发挥党员的先锋模范作用。

要充分发挥村党组织在日常村务管理和民主监督中的领导核心作用。要积极组织村民民主建立村务管理的各项规章制度和相应的村务监督机构。广泛听取群众意见，在涉及群众切实利益的问题上，按大多数群众的意见办理。要组织党员和群众监督村委会对村民会议或村民代表会议决议、决定的实施情况。要教育村委会成员增强党的领导观念，主动汇报村委会工作，自觉接受村党组织的领导和村民的监督，依法开展工作。

（二）要尊重农民主体地位，坚持人民当家做主

人民当家做主是社会主义民主政治的本质要求，也是实施基层民主的宗旨和核心。党和国家始终高度尊重农民群众的首创精神，尊重农民群众的主体地位，尊重和保障农民群众的民主权利，从而使法律制度体现民意、保障民权和维护民利。村民自治就是人民当家做主在基层最直接体现，是一场最广泛的民主实践活动。我们在推动村民自治的过程中，要尊

重村民群众的主体地位，把农民群众的需求作为工作出发点，把农民群众的参与作为工作动力，把农民群众是否满意作为绩效判断标准，切实实现好、维护好、保障好广大农民群众在村级事务上当家作主的权利。

在民主选举活动中，要尊重和保障村民的选举权和被选举权。在村级重大事务民主决策和管理中，要落实村民群众的知情权、决策权、管理权、监督权。涉及村民切身利益的事情必须通过村民会议或村民代表会议，由群众民主决策；日常村务管理要让村民参与；村务的运作过程要向村民公开，接受村民监督。要保护村民管理基层公共事务和公益事业的积极性，最广泛地动员和组织村民群众开展基层民主实践，在实践中提高自我管理、自我教育、自我服务、自我监督的水平。要尊重村民的首创精神，及时总结和推广有利于村民当家作主的好经验，完善村民当家做主的各项制度。

（三）要坚持依法治国方略，学会用法治思维和法治方法处理村民自治中遇到的种种挑战

依法治国是党领导人民治理国家的基本方略，也是村民自治得以切实实现的重要保障。依法办事，用法治思维和法治方法处理村民自治过程中的问题是依法治国方略在村民自治实践中的根本要求。经过30多年的实践探索，我们把村民自治以宪法和法律的形式固定下来，目的就是要让农民群众依法行使和享有权利，让各级党委、政府和农村基层党组织依法办事。因此，我们在推动村民自治的过程中，必须始终坚持做到有法必依、执法必严、违法必究，切实维护村委会组织法的权威性，保障广大农民群众的合法权益。

村级组织和全体村民，都要在法律许可的范围内活动，不允许有超越宪法和法律的特权。村级组织所作的决定、决议，都不得与党的路线、方针、政策和宪法、法律、法规相抵触。村民自治章程、村规民约等规约，不得有侵犯村民人身权利、民主权利和合法财产权利的内容。要依法建制、以制治村，逐步把农村的各项事务纳入依法管理的轨道，不断提高农村的法治化管理水平。村干部要带头执行村级重大事务民主决策程序和管

理制度。村民既应享受民主权利，也要履行应尽的义务，不断培育权利义务一致的法治观念。要不断完善保障农民直接行使民主权利的法律法规和规章制度。

（四）要进一步完善“党委统一领导、党政齐抓共管、专门机构组织协调、有关部门各负其责”的村民自治领导体制和工作机制

各级党委、政府要将推进村民自治工作列入重要议事日程，纳入当地经济社会发展规划，与其他工作一同规划、一同部署、一同检查。要建立健全推进村民自治工作领导机构或协调机构，各级党委、政府换届后，要根据实际情况及时调整充实村民自治领导机构。各级村民自治领导机构要在党委、政府的统一领导下，加强组织协调和督促指导。各级村民自治领导机构成员单位要各司其职、各负其责，相互支持、相互配合，进一步形成合力。要完善农村各类组织和农民群众的参与机制，充分发挥农村的共青团、妇联、计生协会、老年协会、专业合作组织、社会组织、志愿组织等各类组织作用，广泛动员社会各方面力量，推动形成社会共同参与的良好局面。

二、加强村民自治组织建设

大力推进村民自治工作，要求加强村民自治的组织建设，这包括加强村民自治的组织体系建设、村干部队伍建设、村民自治组织的制度建设等几个方面内容。

（一）加强村民自治的组织体系建设

要严格按照村民委员会组织法的要求完善组织，构建以村委会、村民会议、村民代表会议、村务监督机构为主体的组织体系。在村民自治实践中，要把“难点村”、困难村、各种矛盾突出的村，作为村民自治组织建设的重点，抓住重点，以点带面。尤其要注意，在城镇化加速推进过程中的村级组织建设问题，防止基层组织建设上出现权力真空和组织缺位现象。今后一段时间，尤其要加强村民会议、村民代表会议建设，提高村民

特别是村民代表的民主素质和议事能力；要夯实民主监督的组织基础，建立健全村务监督机构，依法规范村务监督机构的产生方式和人员构成，明确村务监督委员会职责范围和工作程序，确保村务监督委员会依法行使职权。

要明确各种村级组织的职权职责，保障各种组织的作用都能得到充分发挥。村委会是农村的基层群众自治性组织，其在村民自治的组织体系中发挥着主要作用。村委会要切实贯彻党和国家的有关农村工作的方针、政策，严格按照村民会议或村民代表会议的决议、决定，办理本村公共事务和公益事业，调解民间纠纷，协助维护社会治安，向人民政府反映村民的意见、要求和提出建议。村民会议或村民代表会议是村民直接行使民主权利或代表村民行使民主权利的决策、监督组织，对村级重大事务具有决策权和监督权。村民小组是村委会领导下的必不可少的村级组织组成单位，发挥着联系村民与村委会的桥梁作用和纽带作用。村委会、村民会议或村民代表会议、村民小组等组织，都要严格履行法定职责，不能越权、越位。

要正确处理村“两委”之间以及村级组织与基层政府之间的关系，保障村民自治的良性运转。要充分发挥党组织对村内各项工作的领导作用以及在村民自治中的战斗堡垒作用和支持保障作用。村党组织要依照宪法和法律的规定，支持和保障村民开展民主选举、民主决策、民主管理、民主监督，直接行使自治权利。基层政府对村民委员会的工作给予指导、支持和帮助，但是不得干预依法属于村民自治范围内的事项。村民委员会也有协助基层政府开展工作的义务。

（二）加强村干部队伍建设

村干部是村民自治工作的执行者和落实者，村干部素质的高低、作风的好坏直接影响到村民自治工作的大局。结合当前实际，必须加强村干部队伍建设。正如党的十七届三中全会指出的那样：“要加强农村基层干部队伍建设，着力拓宽农村干部来源，提高他们的素质，解除他们的后顾之忧。”

要完善村干部的选拔任用机制，不断拓宽选人、用人渠道。要加强对村“两委”换届选举工作的指导，把那些组织信任、农村需要、群众拥护的优秀人才选进村级领导班子；继续做好选聘高校毕业生到农村任职工作，引导那些能力强、善于做农民群众工作、有一定培养前途的大学生通过法定程序进入村“两委”班子；探索村党组织书记跨村任职的有效办法，完善党政机关和企事业单位优秀年轻干部驻村帮助工作的长效机制。

要完善村干部的教育培训机制，可以采取灵活的培训形式，但要注意培训的针对性，保证培训实效。可以采取轮训、学历教育、外出考察、跟班学习、基地培养、现代远程教育等形式，整合教学资源，创新培训途径。针对新时期农村工作的实际，可以将对村干部的培训内容的重点由以理论培训为主转变为以能力训练为主，以培养实际操作能力为中心，使其能够更好地适应农村实际，增强其带领农民发展生产、维护稳定的本领，提高依法办事、民主管理、服务群众的能力。

要完善村干部的政策保障机制。只有在经济生活上照顾好，才能充分发挥村干部的主观能动性、创造性，提高他们的工作积极性，激发他们造福一方的工作潜能。要下大力气解决村干部报酬偏低的问题，认真落实村干部“一定三有”政策，建立健全村干部报酬待遇稳步增长机制、业绩考核奖励制度。对群众公认在发展经济中贡献突出的村干部要给予重奖重用。有条件的地方，可以实行离任村干部生活补贴制度。完善大学生“村官”的配套保障制度、跟踪培养制度和正常流动制度，推行农村社区志愿者注册登记制度。

（三）加强村级组织的制度建设

加强村级组织的制度建设需要切实抓好制度完善。制度需要通过实践来完善，其效果也需要实践来检验。当前，要把村民自治制度完善的重点，放在村级民主决策、民主管理和民主监督上，使村民自治的“四个民主”配套协调发展。要不断细化涉及村民利益或村民群众普遍关心事项的范围，不断完善村党组织和村委会联席会议制度，村民会议和村民代表会议制度，村级财务民主管理制度，村委会公章使用和管理制度，民主评议村干部制度，村务、财务公开制度，村干部离任和审计制度等，不断推进村民自治章程和村规民约的创制和推广。要认真总结和推广基层和群众在村民自治实践中创造的有益做法和新鲜经验，及时把经过实践检验的成功经验上升为政策，把成熟的政策转化为法规。

加强村级组织的制度需要认真做好制度落实。好的制度，要靠落实才能见成效。近年来，各地在推进村民自治工作中还是下了不少功夫，不管是村级民主选举，还是村级民主决策、民主管理、民主监督，都建立了许多好的制度，但有的地方实施效果却不尽如人意。出现这类现象的重要原因是制度落实没有保证。因此，我们要加强对制度执行情况的监督检查，坚决纠正有令不行、有禁不止的现象，严肃处理违纪违法行为，确保现有的各项民主管理制度落到实处，切实维护农民群众各项民主权利。要认真贯彻落实新修订的村民委员会组织法，抓紧制定或修订本地区村委会组织法实施办法、村委会选举办法、村务公开办法等配套法规，指导农村干部群众建立健全村民自治章程、村规民约和村级组织工作规则。

三、创新村民自治的工作方式和方法

大力推进村民自治工作需要积极推进工作方式方法创新。创新就是要不断解放思想、实事求是、与时俱进。村民自治发展到今天，有关的法律、法规不断健全，但村民自治实践的发展也是与时俱进，特别是随着改革开放和社会主义市场经济的发展，农村经济社会发展中不断出现许多新情况、新问题，我们只有不断创新，不断创造和完善农民群众当家作主的新形式，扩大农民群众有序的政治参与，才能使村民自治体现时代性，把握规律性，富于创造性。

创新村民自治的工作方式、方法首先要坚持村民自治的各项运行机制。村民自治从萌芽、实验到普及，从示范单位到全面展开，走过了30多年的历程，积累了许多被实践证明行之有效的运行规律，必须在今后的村民自治实践中继续坚持、不断完善，为村民自治实践的健康发展提供保障。

创新村民自治的工作方式、方法要注意做好示范创建工作。为推进村民自治工作的深入开展，现阶段的工作任务就是认真落实《关于深入开展村务公开民主管理示范单位创建活动的通知》，深入开展不同层次、富有特色的示范创建活动，加大对典型做法和经验的宣传力度，形成相互学习、相互促进、共同提高的良好局面。

创新村民自治的工作方式、方法要注意对前期村务公开和民主管理“难点村”工作成效进行总结，汲取经验。在为期三年的“难点村”治理工作过程中，排查出“难点村”的村级组织和村干部队伍建设得到切实加强，村级民主管理制度不断完善，一些农村社会矛盾纠纷得到化解，“难点村”的落后面貌进一步改变，为农村改革发展稳定奠定了良好基础。实践证明，在“难点村”治理过程中，全国普遍建立起来的一套“中央统一部署，省、市、县、乡联动，部门参与、乡镇为主、合力推进”的工作机制，值得我们在推进村民自治工作中进一步学习借鉴。

创新村民自治的工作方式、方法要注意创新工作载体和手段。要扎实做好村务档案工作，对村级组织在村务公开民主管理工作中形成的票据、文件、影像等档案资料要及时归档，促进村务公开民主管理工作规范化。要积极推进村务公开民主管理信息化建设，注意运用互联网、广播、电视、手机等渠道，搭建农民群众和乡村干部民主参与、交流互动的平台。比如，山西按照“制度+科技”的思路，建设运用“阳光农廉网”，把强农惠农政策和村务事项全部在网上公开，把农村集体“三资”和重要村务事项纳入网上管理，畅通监督诉求渠道，延伸服务功能，既提升村务公开水平，又强化农村民主管理和民主监督，解决了农民群众生产生活中的现实问题。这种信息化建设的有益探索，对落实农民群众的知情权、参与权、管理权、监督权等发挥了重要作用，取得了良好效果，值得学习借鉴。

创新村民自治的工作方式、方法要注意加强理论研究。要认真学习中央关于加强村民自治工作的各项决策部署，坚持从农村实际出发，加强对村民自治工作基础性、长期性问题的研究，不断深化对新形势下村民自治工作特点和规律的认识。坚持把村民自治工作放在党和国家工作全局中来认识，同社会发展的要求和人民群众的实践紧密结合，及时研究村民自治工作中遇到的新情况、新问题，努力取得有见解的研究成果。要善于运用科学的研究方法，坚持深入实际、深入基层、深入群众，多出理论精品。要切实发挥高等学校、科研院所的人才智力优势，组织专家和学者积极参与理论研究和宣传普及工作，充分调动各方面的积极性，推动村民自治理论研究不断向前发展。

四、加强监督检查和考核

大力推进村民自治工作就要做好有关村民自治最新的法律、法规、政策的宣传、学习工作，结合当地实际完善配套制度和措施，加大制度落实情况的检查监督力度，切实维护村民群众合法利益。

要继续抓好村民委员会组织法的学习宣传工作。村民委员会组织法的立法宗旨就在于保障村民群众的民主自治权利，努力使村民群众当家作主，自己管理自己的事情，实现自我管理、自我服务、自我教育、自我监督。各地要结合“六五”普法规划制定实施创先争优活动及农村社区建设全覆盖创建等活动，运用报刊、电视、广播、网络、组织宣讲队、文艺宣传队等多种形式，深入宣传新修订的村民委员会组织法，使广大农村基层干部、群众充分认识其在保障村民群众民主权利、推进农村基层民主政治建设中的重要地位和作用，进一步坚定推进村民自治的信心和决心，学会依法进行自我管理、自我教育、自我服务。

要抓好各项村民自治制度的健全和完善及落实工作。各地必须结合本地实际，修订或制定相应的地方配套法规制度。在修订完善地方配套法规制度时，要认真总结和推广基层和群众在村民自治实践中创造的有益做法和新鲜经验，及时把经过实践检验的成功经验上升为政策，把成熟的政策转化为法规；要注重内容的可操作性，让农村基层干部群众看得懂、会操作、能操作；要提高村委会组织法的执行力，以新的举措，加大对违法乱纪行为的查处，为村民委员会组织法的贯彻执行提供法律和制度保障。同时要对现有规章制度进行一次检查和清理，凡是与村民委员会组织法精神相一致的，要继续坚持，并不断丰富完善；不一致的，必须尽快修改或废止。

要加强村级民主监督，着力构建责权明晰、衔接配套、运转有效的村级民主监督机制。要注重发挥村务公开在民主监督中的重要作用，以县（市、区）为单位统一村务公开目录，规范公开程序，扩大公开范围，统一公开时间；深入推进乡镇政务公开，促进政府政务公开与基层党务公开、村务公开的有效衔接和良性互动；积极推进组务公开，及时公开村民小组会议讨论决定事项及实施情况。要夯实民主监督的组织基础，建立健全村务监督机构，依法规范村务监督机构的产生方式和人员构成，明确村务监督机构职责范围和工作程序，确保村务监督机构依法行使职权；加强村民会议、村民代表会议建设，提高村民特别是村民代表的民主素质和议事能力。要完善民主监督的制度保障，规范村级民主评议活动，扩大民主评议范围，规范民主评议的形式和程序，提高民主评议制度化、规范化水平；做好村干部任期和离任经济责任审计，规范经济责任审计程序，及时公布审计结果，严肃审计责任追究，确保农民群众的知情权和监督权。

要加强对制度执行情况的监督检查，着力解决农民群众反映强烈的问题。坚决纠正有令不行、有禁不止的现象，严肃处理违纪违法行为，确保现有的各项民主管理制度落到实处，切实维护农民群众的各项民主权利。要认真解决征地拆迁、矿产资源开发、中央强农惠农富农政策落实、支农资金物资使用以及农村土地承包、流转、占补平衡等方面存在的损害农民利益的问题，严肃查处农村基层干部吃拿卡要、收受财物，执法不公、为黑恶势力充当“保护伞”，拉票贿选、作风粗暴、欺压群众、奢侈浪费等问题。要结合各地区各部门实际，开展对损害农民群众利益问题的专项检查，及时解决损害农民群众利益的突出问题。要加强对农村基层干部的教育、管理和监督，推进制度建设，从源头上铲除滋生腐败的社会土壤。

附录：相关法律、法规、政策

中华人民共和国村民委员会组织法

（1998年11月4日第九届全国人民代表大会常务委员会第五次会议通过　2010年10月28日第十一届全国人民代表大会常务委员会第十七次会议修订）

目　录

第一章　总　则

第一条　为了保障农村村民实行自治，由村民依法办理自己的事情，发展农村基层民主，维护村民的合法权益，促进社会主义新农村建设，根据宪法，制定本法。

第二条 村民委员会是村民自我管理、自我教育、自我服务的基层群众性自治组织，实行民主选举、民主决策、民主管理、民主监督。

村民委员会办理本村的公共事务和公益事业，调解民间纠纷，协助维护社会治安，向人民政府反映村民的意见、要求和提出建议。

村民委员会向村民会议、村民代表会议负责并报告工作。

第三条 村民委员会根据村民居住状况、人口多少，按照便于群众自治，有利于经济发展和社会管理的原则设立。

村民委员会的设立、撤销、范围调整，由乡、民族乡、镇的人民政府提出，经村民会议讨论同意，报县级人民政府批准。

村民委员会可以根据村民居住状况、集体土地所有权关系等分设若干村民小组。

第四条 中国共产党在农村的基层组织，按照中国共产党章程进行工作，发挥领导核心作用，领导和支持村民委员会行使职权；依照宪法和法律，支持和保障村民开展自治活动、直接行使民主权利。

第五条 乡、民族乡、镇的人民政府对村民委员会的工作给予指导、支持和帮助，但是不得干预依法属于村民自治范围内的事项。

村民委员会协助乡、民族乡、镇的人民政府开展工作。

第二章　村民委员会的组成和职责

第六条 村民委员会由主任、副主任和委员共三至七人组成。

村民委员会成员中，应当有妇女成员，多民族村民居住的村应当有人数较少的民族的成员。

对村民委员会成员，根据工作情况，给予适当补贴。

第七条 村民委员会根据需要设人民调解、治安保卫、公共卫生与计划生育等委员会。村民委员会成员可以兼任下属委员会的成员。人口少的村的村民委员会可以不设下属委员会，由村民委员会成员分工负责人民调解、治安保卫、公共卫生与计划生育等工作。

第八条 村民委员会应当支持和组织村民依法发展各种形式的合作经济和其他经济，承担本村生产的服务和协调工作，促进农村生产建设和经济发展。

村民委员会依照法律规定，管理本村属于村农民集体所有的土地和其他财产，引导村民合理利用自然资源，保护和改善生态环境。

村民委员会应当尊重并支持集体经济组织依法独立进行经济活动的自主权，维护以家庭承包经营为基础、统分结合的双层经营体制，保障集体经济组织和村民、承包经营户、联户或者合伙的合法财产权和其他合法权益。

第九条 村民委员会应当宣传宪法、法律、法规和国家的政策，教育和推动村民履行法律规定的义务、爱护公共财产，维护村民的合法权益，发展文化教育，普及科技知识，促进男女平等，做好计划生育工作，促进村与村之间的团结、互助，开展多种形式的社会主义精神文明建设活动。

村民委员会应当支持服务性、公益性、互助性社会组织依法开展活动，推动农村社区建设。

多民族村民居住的村，村民委员会应当教育和引导各民族村民增进团结、互相尊重、互相帮助。

第十条 村民委员会及其成员应当遵守宪法、法律、法规和国家的政策，遵守并组织实施村民自治章程、村规民约，执行村民会议、村民代表会议的决定、决议，办事公道，廉洁奉公，热心为村民服务，接受村民监督。

第三章 村民委员会的选举

第十一条 村民委员会主任、副主任和委员，由村民直接选举产生。任何组织或者个人不得指定、委派或者撤换村民委员会成员。

村民委员会每届任期三年，届满应当及时举行换届选举。村民委员会成员可以连选连任。

第十二条 村民委员会的选举，由村民选举委员会主持。

村民选举委员会由主任和委员组成，由村民会议、村民代表会议或者各村民小组会议推选产生。

村民选举委员会成员被提名为村民委员会成员候选人，应当退出村民选举委员会。

村民选举委员会成员退出村民选举委员会或者因其他原因出缺的，按照原推选结果依次递补，也可以另行推选。

第十三条 年满十八周岁的村民，不分民族、种族、性别、职业、家庭出身、宗教信仰、教育程度、财产状况、居住期限，都有选举权和被选举权；但是，依照法律被剥夺政治权利的人除外。

村民委员会选举前，应当对下列人员进行登记，列入参加选举的村民名单：

（一）户籍在本村并且在本村居住的村民；

（二）户籍在本村，不在本村居住，本人表示参加选举的村民；

（三）户籍不在本村，在本村居住一年以上，本人申请参加选举，并且经村民会议或者村民代表会议同意参加选举的公民。

已在户籍所在村或者居住村登记参加选举的村民，不得再参加其他地方村民委员会的选举。

第十四条 登记参加选举的村民名单应当在选举日的二十日前由村民选举委员会公布。对登记参加选举的村民名单有异议的，应当自名单公布之日起五日内向村民选举委员会申诉，村民选举委员会应当自收到申诉之日起三日内作出处理决定，并公布处理结果。

第十五条 选举村民委员会，由登记参加选举的村民直接提名候选人。村民提名候选人，应当从全体村民利益出发，推荐奉公守法、品行良好、公道正派、热心公益、具有一定文化水平和工作能力的村民为候选人。候选人的名额应当多于应选名额。村民选举委员会应当组织候选人与村民见面，由候选人介绍履行职责的设想，回答村民提出的问题。

选举村民委员会，有登记参加选举的村民过半数投票，选举有效；候选人获得参加投票的村民过半数的选票，始得当选。当选人数不足应选名额的，不足的名额另行选举。另行选举的，第一次投票未当选的人员得票多的为候选人，候选人以得票多的当选，但是所得票数不得少于已投选票总数的三分之一。

选举实行无记名投票、公开计票的方法，选举结果应当当场公布。选举时，应当设立秘密写票处。

登记参加选举的村民，选举期间外出不能参加投票的，可以书面委托本村有选举权的近亲属代为投票。村民选举委员会应当公布委托人和受委托人的名单。

具体选举办法由省、自治区、直辖市的人民代表大会常务委员会规定。

第十六条 本村五分之一以上有选举权的村民或者三分之一以上的村民代表联名，可以提出罢免村民委员会成员的要求，并说明要求罢免的理由。被提出罢免的村民委员会成员有权提出申辩意见。

罢免村民委员会成员，须有登记参加选举的村民过半数投票，并须经投票的村民过半数通过。

第十七条 以暴力、威胁、欺骗、贿赂、伪造选票、虚报选举票数等不正当手段当选村民委员会成员的，当选无效。

对以暴力、威胁、欺骗、贿赂、伪造选票、虚报选举票数等不正当手段，妨害村民行使选举权、被选举权，破坏村民委员会选举的行为，村民有权向乡、民族乡、镇的人民代表大会和人民政府或者县级人民代表大会常务委员会和人民政府及其有关主管部门举报，由乡级或者县级人民政府负责调查并依法处理。

第十八条 村民委员会成员丧失行为能力或者被判处刑罚的，其职务自行终止。

第十九条 村民委员会成员出缺，可以由村民会议或者村民代表会议进行补选。补选程序参照本法第十五条的规定办理。补选的村民委员会成员的任期到本届村民委员会任期届满时止。

第二十条 村民委员会应当自新一届村民委员会产生之日起十日内完成工作移交。工作移交由村民选举委员会主持，由乡、民族乡、镇的人民政府监督。

第四章　村民会议和村民代表会议

第二十一条　村民会议由本村十八周岁以上的村民组成。

村民会议由村民委员会召集。有十分之一以上的村民或者三分之一以上的村民代表提议，应当召集村民会议。召集村民会议，应当提前十天通知村民。

第二十二条　召开村民会议，应当有本村十八周岁以上村民的过半数，或者本村三分之二以上的户的代表参加，村民会议所作决定应当经到会人员的过半数通过。法律对召开村民会议及作出决定另有规定的，依照其规定。

召开村民会议，根据需要可以邀请驻本村的企业、事业单位和群众组织派代表列席。

第二十三条　村民会议审议村民委员会的年度工作报告，评议村民委员会成员的工作；有权撤销或者变更村民委员会不适当的决定；有权撤销或者变更村民代表会议不适当的决定。

村民会议可以授权村民代表会议审议村民委员会的年度工作报告，评议村民委员会成员的工作，撤销或者变更村民委员会不适当的决定。

第二十四条　涉及村民利益的下列事项，经村民会议讨论决定方可办理：

（一）本村享受误工补贴的人员及补贴标准；

（二）从村集体经济所得收益的使用；

（三）本村公益事业的兴办和筹资筹劳方案及建设承包方案；

（四）土地承包经营方案；

（五）村集体经济项目的立项、承包方案；

（六）宅基地的使用方案；

（七）征地补偿费的使用、分配方案；

（八）以借贷、租赁或者其他方式处分村集体财产；

（九）村民会议认为应当由村民会议讨论决定的涉及村民利益的其他

事项。

村民会议可以授权村民代表会议讨论决定前款规定的事项。

法律对讨论决定村集体经济组织财产和成员权益的事项另有规定的，依照其规定。

第二十五条 人数较多或者居住分散的村，可以设立村民代表会议，讨论决定村民会议授权的事项。村民代表会议由村民委员会成员和村民代表组成，村民代表应当占村民代表会议组成人员的五分之四以上，妇女村民代表应当占村民代表会议组成人员的三分之一以上。

村民代表由村民按每五户至十五户推选一人，或者由各村民小组推选若干人。村民代表的任期与村民委员会的任期相同。村民代表可以连选连任。

村民代表应当向其推选户或者村民小组负责，接受村民监督。

第二十六条 村民代表会议由村民委员会召集。村民代表会议每季度召开一次。有五分之一以上的村民代表提议，应当召集村民代表会议。

村民代表会议有三分之二以上的组成人员参加方可召开，所作决定应当经到会人员的过半数同意。

第二十七条 村民会议可以制定和修改村民自治章程、村规民约，并报乡、民族乡、镇的人民政府备案。

村民自治章程、村规民约以及村民会议或者村民代表会议的决定不得与宪法、法律、法规和国家的政策相抵触，不得有侵犯村民的人身权利、民主权利和合法财产权利的内容。

村民自治章程、村规民约以及村民会议或者村民代表会议的决定违反前款规定的，由乡、民族乡、镇的人民政府责令改正。

第二十八条 召开村民小组会议，应当有本村民小组十八周岁以上的村民三分之二以上，或者本村民小组三分之二以上的户的代表参加，所作决定应当经到会人员的过半数同意。

村民小组组长由村民小组会议推选。村民小组组长任期与村民委员会的任期相同，可以连选连任。

属于村民小组的集体所有的土地、企业和其他财产的经营管理以及公益事项的办理，由村民小组会议依照有关法律的规定讨论决定，所作决定及实施情况应当及时向本村民小组的村民公布。

第五章　民主管理和民主监督

第二十九条　村民委员会应当实行少数服从多数的民主决策机制和公开透明的工作原则，建立健全各种工作制度。

第三十条　村民委员会实行村务公开制度。

村民委员会应当及时公布下列事项，接受村民的监督：

（一）本法第二十三条、第二十四条规定的由村民会议、村民代表会议讨论决定的事项及其实施情况；

（二）国家计划生育政策的落实方案；

（三）政府拨付和接受社会捐赠的救灾救助、补贴补助等资金、物资的管理使用情况；

（四）村民委员会协助人民政府开展工作的情况；

（五）涉及本村村民利益，村民普遍关心的其他事项。

前款规定事项中，一般事项至少每季度公布一次；集体财务往来较多的，财务收支情况应当每月公布一次；涉及村民利益的重大事项应当随时公布。

村民委员会应当保证所公布事项的真实性，并接受村民的查询。

第三十一条　村民委员会不及时公布应当公布的事项或者公布的事项不真实的，村民有权向乡、民族乡、镇的人民政府或者县级人民政府及其有关主管部门反映，有关人民政府或者主管部门应当负责调查核实，责令依法公布；经查证确有违法行为的，有关人员应当依法承担责任。

第三十二条　村应当建立村务监督委员会或者其他形式的村务监督机构，负责村民民主理财，监督村务公开等制度的落实，其成员由村民会议或者村民代表会议在村民中推选产生，其中应有具备财会、管理知识的人员。村民委员会成员及其近亲属不得担任村务监督机构成员。村务监督机构成员向村民会议和村民代表会议负责，可以列席村民委员会会议。

第三十三条 村民委员会成员以及由村民或者村集体承担误工补贴的聘用人员，应当接受村民会议或者村民代表会议对其履行职责情况的民主评议。民主评议每年至少进行一次，由村务监督机构主持。

村民委员会成员连续两次被评议不称职的，其职务终止。

第三十四条 村民委员会和村务监督机构应当建立村务档案。村务档案包括：选举文件和选票，会议记录，土地发包方案和承包合同，经济合同，集体财务账目，集体资产登记文件，公益设施基本资料，基本建设资料，宅基地使用方案，征地补偿费使用及分配方案等。村务档案应当真实、准确、完整、规范。

第三十五条 村民委员会成员实行任期和离任经济责任审计，审计包括下列事项：

（一）本村财务收支情况；

（二）本村债权债务情况；

（三）政府拨付和接受社会捐赠的资金、物资管理使用情况；

（四）本村生产经营和建设项目的发包管理以及公益事业建设项目招标投标情况；

（五）本村资金管理使用以及本村集体资产、资源的承包、租赁、担保、出让情况，征地补偿费的使用、分配情况；

（六）本村五分之一以上的村民要求审计的其他事项。

村民委员会成员的任期和离任经济责任审计，由县级人民政府农业部门、财政部门或者乡、民族乡、镇的人民政府负责组织，审计结果应当公布，其中离任经济责任审计结果应当在下一届村民委员会选举之前公布。

第三十六条 村民委员会或者村民委员会成员作出的决定侵害村民合法权益的，受侵害的村民可以申请人民法院予以撤销，责任人依法承担法律责任。

村民委员会不依照法律、法规的规定履行法定义务的，由乡、民族乡、镇的人民政府责令改正。

乡、民族乡、镇的人民政府干预依法属于村民自治范围事项的，由上一级人民政府责令改正。

第六章 附 则

第三十七条 人民政府对村民委员会协助政府开展工作应当提供必要的条件；人民政府有关部门委托村民委员会开展工作需要经费的，由委托部门承担。

村民委员会办理本村公益事业所需的经费，由村民会议通过筹资筹劳解决；经费确有困难的，由地方人民政府给予适当支持。

第三十八条 驻在农村的机关、团体、部队、国有及国有控股企业、事业单位及其人员不参加村民委员会组织，但应当通过多种形式参与农村社区建设，并遵守有关村规民约。

村民委员会、村民会议或者村民代表会议讨论决定与前款规定的单位有关的事项，应当与其协商。

第三十九条 地方各级人民代表大会和县级以上地方各级人民代表大会常务委员会在本行政区域内保证本法的实施，保障村民依法行使自治权利。

第四十条 省、自治区、直辖市的人民代表大会常务委员会根据本法，结合本行政区域的实际情况，制定实施办法。

第四十一条 本法自公布之日起施行。

中共中央办公厅、国务院办公厅关于《健全和完善村务公开和民主管理制度的意见》

中办发〔2004〕17号

《中共中央办公厅、国务院办公厅关于在农村普遍实行村务公开和民主管理制度的通知》（中办发〔1998〕9号）下发和《中华人民共和国村民委员会组织法》施行以来，全国农村普遍实行了村务公开和民主管理制度，为促进农村改革、发展和稳定发挥了重要作用。为认真贯彻落实党的十六大提出的“健全基层自治组织和民主管理制度，完善公开办事制度，保证人民群众依法直接行使民主权利，管理基层公共事务和公益事业，对干部实行民主监督”的要求，适应农村发展的新形势，进一步推进农村社会主义物质文明、政治文明、精神文明协调发展，经党中央、国务院同意，现就健全和完善村务公开和民主管理制度提出如下意见。

一、充分认识进一步做好村务公开和民主管理工作的重大意义

当前，我国正处在全面建设小康社会、加快推进社会主义现代化的新的发展阶段，农村改革、发展和稳定的任务十分繁重。实行村务公开和民主管理，是实践“三个代表”重要思想，维护农民群众根本利益的具体体现；是完善村民自治，发展社会主义民主的重要内容；是顺利推进农村改革和发展，加快农村全面建设小康社会进程的必然要求；是促进农村党风廉政建设，密切党群干群关系的有效途径。近年来，全国各地推行村务公开和民主管理取得了积极成果，但我们也应清醒地看到，一些地方在村务公开和民主管理中还存在着重形式、轻实效，制度不健全、决策不民主等问题。这与农村改革发展稳定的新形势新任务不相适应，在一定程度上影响了农村经济和社会的发展。为了把党在农村的各项政策落到实处，切实解决好“三农”问题，必须进一步健全和完善村务公开和民主管理制度，扎实推进村务公开和民主管理工作。各级党委和政府要以邓小平理论和“三个代表”重要思想为指导，增强推进村务公开和民主管理的自觉性和紧迫感，真正把这一关系亿万农民切身利益的大事抓紧抓好、抓出成效，实现好、维护好、发展好广大农民群众的根本利益。

二、进一步健全村务公开制度，保障农民群众的知情权

（一）完善村务公开的内容。国家有关法律法规和政策明确要求公开的事项，如计划生育政策落实、救灾救济款物发放、宅基地使用、村集体经济所得收益使用、村干部报酬等，应继续坚持公开。要继续把财务公开作为村务公开的重点，所有收支必须逐项逐笔公布明细账目，让群众了解、监督村集体资产和财务收支情况。同时，要根据农村改革发展的新形势、新情况，及时丰富和拓展村务公开内容。当前，要将土地征用补偿及分配、农村机动地和“四荒地”发包、村集体债权债务、税费改革和农业税减免政策、村内“一事一议”筹资筹劳、新型农村合作医疗、种粮直接补贴、退耕还林还草款物兑现，以及国家其他补贴农民、资助村集体的政策落实情况，及时纳入村务公开的内容。农民群众要求公开的其他事项，也应公开。

（二）规范村务公开的形式、时间和基本程序。各地农村应坚持实际、实用、实效的原则，在便于群众观看的地方设立固定的村务公开栏，同时还可以通过广播、电视、网络、“明白纸”、民主听证会等其他有效形式公开。一般的村务事项至少每季度公开一次，涉及农民利益的重大问题以及群众关心的事项要及时公开。集体财务往来较多的村，财务收支情况应每月公布一次。要推进村务事项从办理结果的公开，向事前、事中、事后全过程公开延伸。要充分利用现代科学技术，不断创新村务公开的有效形式和手段。村务公开的基本程序是：村民委员会根据本村的实际情况，依照法规和政策的有关要求提出公开的具体方案；村务公开监督小组对方案进行审查、补充、完善后，提交村党组织和村民委员会联席会议讨论确定；

村民委员会通过村务公开栏等形式及时公布。

（三）设立村务公开监督小组。村务公开监督小组成员经村民会议或村民代表会议在村民代表中推选产生，负责监督村务公开制度的落实。村干部及其配偶、直系亲属不得担任村务公开监督小组成员。村务公开监督小组及其成员应当热爱集体，公道正派，有一定的议事能力，其中应有具备财会知识的成员。村务公开监督小组要依法履行职责，认真审查村务公开各项内容是否全面、真实，公开时间是否及时，公开形式是否科学，公开程序是否规范，并及时向村民会议或村民代表会议报告监督情况。对不履行职责的成员，村民会议或村民代表会议有权罢免其资格。

（四）听取和处理群众意见。群众对公布的内容有疑问的，可以口头或书面形式向村务公开监督小组投诉，村务公开监督小组对群众反映的问题应当及时进行调查，确有内容遗漏或者不真实的，应督促村民委员会重新公布；也可以直接向村党组织、村民委员会询问，村民委员会应在10日内予以解释和答复。村民委员会要对村务公开资料进行整理归档并妥善保管。

三、进一步规范民主决策机制，保障农民群众的决策权

（一）推进村级事务民主决策。凡是与农民群众切身利益密切相关的事项，如村集体的土地承包和租赁、集体企业改制、集体举债、集体资产处置、村干部报酬、村公益事业的经费筹集方案和建设承包方案等，都要实行民主决策，不能由个人或少数人决定。村民委员会的设立、撤并、范围调整，由乡级人民政府提出意见后，必须经村民会议讨论同意，并报县级人民政府批准。集体经济已实行股份制或股份合作制改革的村，要按照改革后的有关要求进行民主决策和民主监督。村级民主决策的事项要符合党的方针政策和国家法律法规，不得有侵犯村民人身权利、民主权利和合法财产权利的内容。

（二）明确村级民主决策的形式。村级民主决策的基本组织形式是村民会议和村民代表会议。召开村民会议，应当有本村18周岁以上村民的过半数参加，或者有本村三分之二以上的户的代表参加，所作决定应当经到会人员的过半数通过。涉及农村土地承包、调整等重大事项，应依照《中华人民共和国农村土地承包法》等相关法律法规进行民主决策。村民代表会议讨论决定村民会议授权的事项。村民代表由村民依法推选产生，妇女代表要占一定比例。要完善村民会议和村民代表会议议事规则，建立健全村民代表联系户制度，确保村民代表真正代表民意。认真研究和探索村庄撤并、外出务工经商人员不断增多情况下村级民主决策的有效形式。

（三）规范村级民主决策的程序。涉及村民利益的事项，原则上要遵循以下决策程序：由村党组织、村民委员会、村集体经济组织、十分之一以上村民联名或五分之一以上村民代表联名提出议案；由村党组织统一受理议案，并召集村党组织和村民委员会联席会议，研究提出具体意见或建议；由村民委员会召集村民会议或村民代表会议讨论决定；由村党组织、村民委员会组织实施村民民主决策事项的办理。对提交村民会议或村民代表会议讨论决定的事项，会前要向村民或村民代表公告，广泛征求意见；会后要及时公布表决结果；对决定事项的实施情况，要及时公布，自觉接受群众监督。涉及村民利益的重大事项，必须按照决策程序提请村民会议或村民代表会议讨论决定。

（四）建立决策责任追究制度。除发生自然灾害等紧急情况外，村民会议或村民代表会议依法形成的决议不得随意更改，如因情况发生变化确需更改的，要通过村民会议或村民代表会议讨论决定。村民会议或村民代表会议讨论决定的事项，要形成书面记录并妥善保存。未经村民会议或村民代表会议讨论决定，任何组织或个人擅自以集体名义借贷，变更与处置村集体的土地、企业、设备、设施等，均为无效，村民有权拒绝，造成的损失由责任人承担，构成违纪的给予党纪政纪处分，涉嫌犯罪的移交司法机关依法处理。

四、进一步完善民主管理制度，保障农民群众的参与权

（一）推进村级事务民主管理。村党组织、村民委员会要依据党的方针政策和国家的法律法规，组织全体村民结合实际讨论制定和完善村民自治章程、村规民约、村民会议和村民代表会议议事规则、财务管理制度等，明确规定村干部的职责、村民的权利和义务，村级各类组织的职责、工作程序及相互关系，明确提出对经济管理、社会治安、移风易俗、计划生育等方面的要求。用制度规范村干部和村民行为，增强村民自我管理、自我教育、自我服务的能力，增强干部群众的法制观念和依法办事能力。

（二）建立村民委员会换届后的工作移交制度。村民委员会换届工作结束后，原村民委员会应将公章、办公场所、办公用具、集体财务账目、固定资产、工作档案、债权债务及其他遗留问题等，及时移交给新一届村民委员会。移交工作由乡级人民政府负责主持。对拒绝移交或无故拖延移交的，村党组织、乡级党委和政府应给予批评教育，督促其加以改正。移交过程中发现有重大问题的，村干部和村民可以向乡级人民政府或者纪检监察机关、人民法院、人民检察院等有关机关反映，受理单位应及时依法处理。

（三）加强村民民主理财制度建设。村民民主理财由村民民主理财小组代表村民进行，民主理财小组成员由村民会议或村民代表会议从村务公开监督小组成员中推选产生。民主理财小组向村民会议或村民代表会议负责并报告工作。民主理财小组负责对本村集体财务活动进行民主监督，参与制定本村集体的财务计划和各项财务管理制度，有权检查、审核财务账目及相关的经济活动事项，有权否决不合理开支。当事人对否决有异议的，可提交村民会议或村民代表会议讨论决定。村民有权对本村集体的财务账目提出质疑，有权委托民主理财小组查阅、审核财务账目，有权要求有关当事人对财务问题作出解释。对群众反映财务问题较多的村，县、乡党委和政府及有关部门要帮助其搞好财务清理整顿工作，解决存在的问题，建立健全财务管理和民主理财制度。制定和完善集体资产监管办法，防止集体资产流失，确保村集体资产保值、增值。

（四）规范农村集体财务收支审批程序。财务事项发生时，经手人必须取得有效的原始凭证，注明用途并签字（盖章），交民主理财小组集体审核。审核同意后，由民主理财小组组长签字（盖章），报经村党组织、村民委员会负责人审批同意并签字（盖章），由会计人员审核记账。经民主理财小组审核确定为不合理财务开支的事项，有关支出由责任人承担。财务流程完成后，要按照财务公开程序进行公开，接受群众监督。乡级人民政府及业务主管部门要对村级财务活动加强指导和监督。

五、进一步强化村务管理的监督制约机制，保障农民群众的监督权

（一）加强对农村集体财务的审计监督。县、乡两级农村集体资产和财务管理指导部门，要切实组织好对农村集体财务的审计监督工作。审计内容主要包括：集体资产的管理使用、财务预决算、财务收支、生产经营和建设项目的发包管理、集体的债权债务、上级划拨或接受社会捐赠的资金、物资使用等情况，以及群众要求审计的其他事项。当前，要加大对集体土地征用、集体企业改制、“村改居”和并村过程中集体资产的处置、村内“一事一议”筹资筹劳、新型农村合作医疗、政府发放到村到户的各项补贴资金和物资等事项的审计力度，并将审计结果及时公布。村干部任期届满或离任时必须审计。在审计中查出侵占集体资产和资金、多吃多占、铺张浪费的，要责令其如数退赔；涉及国家工作人员及村干部违法违纪的，需要给予党纪政纪处分的，移交纪检监察机关处理；构成犯罪的，移交司法机关依法追究当事人的法律责任。农村集体经济组织、村民小组、农（畜）产品行业协会和农民专业合作组织所有的资产，也要实行财务公开，加强管理与监督。

（二）推行民主评议村干部工作制度。民主评议对象为村党组织班子成员、村民委员会班子成员、村集体经济组织班子成员、村民小组长以及享受由村民或集体承担误工补贴（工资）的其他村务管理人员。民主评议由乡级党委、政府具体组织，通过村民会议、村民代表会议或与村民座谈等形式进行。民主评议一般每年进行一次，要把群众满意与否作为衡量村干部是否合格的标准，评议结果要与村干部的使用和补贴（工资）标准直接挂钩。对连续两次被评为不合格的村干部，是村党组织成员的，按党内有关规定处理；是村民委员会班子成员或村集体经济组织班子成员的，应责令其辞职，不辞职的应启动罢免程序；其他村务管理人员，由村民委员会召开村民会议或村民代表会议作出处理决定。

（三）建立和完善村干部的激励约束制度。要大力宣传、鼓励和表彰积极推行村务公开和民主管理的干部，切实维护和保障村干部的合法权益。对在村级重大事务决策和管理中违反程序，独断专行，以及因工作失误造成重大损失，或村务公开不及时、不全面、弄虚作假、侵犯农民民主

权利的干部，村民会议或村民代表会议有权提出批评并要求限期改正；对拒不改正的，是村党组织班子成员的，按党内有关规定给予相应的党纪处分，是村民委员会班子成员的，依法予以罢免。

六、进一步加强对村务公开和民主管理工作的领导

（一）加强组织领导。各级党委和政府要以求真务实的精神，把推进村务公开和民主管理作为关系农村改革、发展和稳定的一件大事来抓，并与增加农民收入、加强农村社会主义精神文明建设和党的建设等各项工作紧密结合起来，使之相互促进、共同提高。各省（自治区、直辖市）党委和政府要及时研究分析村务公开和民主管理工作情况，提出指导性意见。县（市）党委和政府要制定具体的实施意见，常抓不懈。要把推进村务公开和民主管理作为考核评比民主法治示范村、“五个好”村党组织、“五个好”乡镇党委和农村基层组织建设先进县（市）的一项重要内容，通过严格考核，促进村务公开和民主管理制度的进一步落实。

（二）健全领导体制和工作机制。各地要建立健全党委和政府统一领导、有关部门共同参与、民政部门组织协调的领导体制和工作机制，并保证开展工作的必要人员和经费。各有关部门要在各自职责范围内支持和引导村党组织、村民委员会、村集体经济组织做好村务公开和民主管理方面的工作。共青团、妇联和计划生育协会要动员农村青年、妇女、计划生育协会会员积极参与村务公开和民主管理活动。村务公开协调机构要及时掌握工作动态，加强沟通和协调。新闻媒体要加强舆论引导和监督。要通过培育典型、示范引导、专项检查等多种形式，积极探索推进村务公开和民主管理的有效途径。

（三）明确县乡党委和政府的责任。健全和完善村务公开和民主管理制度，县、乡党委和政府是关键。要建立党政领导责任制，把村务公开和民主管理作为基层干部政绩考核的重要内容，并不断完善考核评价办法。要加大督促检查力度，及时受理群众来信、来访和申诉，及时化解社会矛盾，维护农村稳定。要加大培训力度，加强对新任村组干部、农村财会人员、民主理财小组成员和村民代表的培训，提高他们的政策水平和依法办事能力，使他们善于用说服的方法、示范的方法、服务的方法推动农村工

作。要切实加强农村精神文明建设和思想政治工作。积极引导农民群众参与村务公开和民主管理的实践活动，在实践中学会正确行使民主权利。坚决制止利用宗教、宗族、家族势力干预基层经济社会事务管理的行为。

（四）充分发挥农村基层党组织的领导核心作用。要健全村党组织领导的充满活力的村民自治机制，把坚持党的领导、充分发扬民主、切实依法办事有机统一于农村社会主义民主实践之中。村党组织要领导和支持农民群众依法参与村级事务管理，监督村务公开和民主管理制度的落实，及时听取群众的意见，不断完善制度、改进工作。农村党员特别是党员干部要发挥先锋模范作用，尊重农民群众的民主权利，带头执行村务公开和民主管理制度。村民委员会、村集体经济组织和其他村级组织要在村党组织领导下，团结广大农民群众，齐心协力做好村务公开和民主管理工作，促进农村各项事业全面发展。

中央纪委、中央组织部、民政部等十二部委印发《关于进一步加强村级民主监督工作的意见》

民发〔2012〕162号

各省、自治区、直辖市民政厅（局）、纪委、组织部、农委（农工部、农办）、文明办、公安厅（局）、司法厅（局）、财政厅（局）、国土资源厅（局）、农业厅（局）、人口计生委、信访局（办）：

村级民主监督是村民自治的重要内容，也是村党组织领导的充满活力的村民自治机制的重要保障。《中共中央办公厅国务院办公厅关于健全和完善村务公开和民主管理制度的意见》（中办发〔2004〕17号）下发以来，全国各地农村村务公开和民主管理工作日益规范，村务管理的监督制约机制不断完善，为保障村民的民主权利，促进农村社会和谐稳定奠定了坚实基础。但随着农村经济社会发生深刻变化，有的地方出现了民主监督流于形式、村干部用钱用权行为不够规范甚至引发贪污腐败等损害农民利益的问题，影响了社会主义新农村建设的顺利推进。为深入贯彻党的十七大和十七届三中、四中、五中、六中全会精神，认真实施《中华人民共和国村民委员会组织法》，进一步完善农村基层群众自治机制，促进农村基层党风廉政建设，加强和创新农村基层社会管理，维护农村社会和谐稳定，现就进一步加强村级民主监督工作提出如下意见。

一、进一步明确加强村级民主监督工作的总体要求

（一）指导思想。高举中国特色社会主义伟大旗帜，以邓小平理论和“三个代表”重要思想为指导，深入贯彻落实科学发展观，以保障农民群众依法直接行使民主权利为落脚点，着力健全村务监督委员会等形式的村务监督机构，规范民主评议制度，强化经济责任审计，推动乡村治理机制不断完善，促进农村经济社会又好又快发展。

（二）基本原则。坚持党的领导，进一步健全村党组织领导的充满活力的村民自治机制；坚持加强制度建设，保障农民群众依法依章行使民主监督权利；坚持村民的主体地位，实现村民自我管理、自我教育、自我服务；坚持因地制宜，推动村级民主监督与农村经济社会发展相适应。

（三）目标任务。建立健全村务监督机构，普遍开展民主评议、村干部任期和离任经济责任审计，逐步建立起责权明晰、衔接配套、运转有效的村级民主监督机制。到2020年，实现村级民主监督制度完善、监督形式丰富、民主评议有效、经济责任审计规范的目标，切实保障农民群众的知情权、参与权、表达权和监督权。

二、建立健全村务监督机构

（一）加快建立村务监督委员会。村应当建立村务监督委员会或者其他形式的村务监督机构，负责村民民主理财，监督村务公开等制度的落实。村务监督机构成员由三至五人组成，其中应有具备财会、管理知识的人员。村务监督机构成员应奉公守法、品行良好、公道正派，具有较高的群众威望。年满十八周岁的村民具有被推选为村务监督机构成员的资格。鼓励群团组织负责人、村民小组长和村民代表，通过民主推选兼任村务监督机构成员。村民委员会成员及其近亲属、村会计（村报账员）、村文书不得担任村务监督机构成员。村务监督机构成员丧失行为能力或者被判处刑罚的，其职务自行终止。

（二）规范村务监督机构成员产生方式。村务监督机构成员由村民会议或者村民代表会议在村民中推选产生，可以连选连任。任何组织或者个人不得指定、委派或者撤换村务监督机构成员。村务监督机构届期与村民委员会届期相同。对不履行职责、不发挥作用的村务监督机构成员，可由村党组织予以批评教育，也可由村民会议或者村民代表会议予以罢免。村务监督机构成员因职务终止或者其他原因出缺的，经村民会议或者村民代表会议决定，可按照原推选得票多少的顺序依次递补或者补选。新任村务监督机构成员的任期到本届村务监督机构任期届满时止。

（三）明确村务监督机构主要职责。村务监督机构是村级民主监督机构，依法独立行使监督权，向村民会议和村民代表会议负责，每半年至少报告一次工作。其成员列席村“两委”联席会议、村民代表会议和村民委员会会议，有权了解村务管理的有关工作情况。村务监督机构依法依章对村级重大事项决策程序和落实情况、村务公开情况、民主理财情况、村民自治章程和村规民约执行情况、村民委员会成员履职任职及廉洁自律情况等进行监督。村务监督机构负责对本村集体财务活动进行民主监督，参与制定本村集体财务计划和各项财务管理制度，有权检查、审核财务账目及相关的经济活动事项，有权否决不合理开支。村集体财务收支凭证等，必须由村务监督机构审核后方可入账。村务监督机构不得随意干预村“两委”的日常工作。

三、进一步规范村级民主评议活动

（一）明确民主评议的对象和内容。村民委员会成员、由村民或者村集体承担误工补贴的其他人员，应当接受村民会议或者村民代表会议对其履职情况的民主评议。逐步把协助政府办理本村公共事务人员，在本村开展服务性、公益性、互助性活动的社会组织负责人等纳入民主评议的范围。民主评议人员由参加村民会议的村民或者村民代表组成。有条件的地方，可以吸纳驻村的机关、团体、部队、国有及国有控股企业、事业单位人员参与民主评议。民主评议的内容，应当包括评议对象的思想政治素质、岗位目标职责和工作业绩、村集体“三资”管理以及政府强农惠农富农项目实施、廉洁履职情况等关系村民切身利益的重点事项。

（二）规范民主评议的形式和程序。民主评议由乡镇党委、政府统一组织，村务监督机构主持，每年至少开展一次。对同一评议对象，两次民主评议间隔时间不得少于6个月。民主评议通过召开村民会议或者村民代表会议的形式开展，一般结合年终工作总结进行。十分之一以上村民或者三分之一以上村民代表提议时，应当及时开展民主评议活动。村务监督机构应当按照乡镇党委、政府要求，在民主评议开展10日前将民主评议实施方案书面告知民主评议对象，并向村民公布。民主评议对象应当积极主动、客观公正介绍履职情况，如实回答提出的问题。以村民会议形式民主评议村干部的，应有本村十八周岁以上村民过半数或者本村三分之二以上的户代表参加；以村民代表会议形式民主评议村干部的，应有三分之二以上的村民代表参加。参加评议的人员应当现场填写民主评议考核表，按照优秀、称职和不称职三个等次对评议对象履职情况进行评议。民主评议结果应当及时向村民公布，接受村民监督。

（三）严肃民主评议结果的运用。任何组织或者个人不得变更、撤销民主评议结果，评议结果要与评议对象的使用和补贴待遇等直接挂钩。涉及村民或村集体利益的民主评议奖惩办法，须经村民会议或者村民代表会议审议通过。村民委员会成员连续两次被评议不称职的，其职务终止；其他评议对象连续两次被评议不称职的，一年内不得参与村内相关工作。村务监督机构应当监督评议对象按照民主评议意见制定整改措施，帮助评议对象改进工作。对村务监督机构成员落实整改措施的情况，由村党组织负责监督。

四、进一步做好村民委员会成员任期和离任经济责任审计

（一）明确经济责任审计的对象和主体。行使村集体及村民委员会财务审批权的人员，参与村级经济活动决策的村民委员会成员，都要接受任期和离任经济责任审计。经济责任审计，由县级人民政府农业部门、财政部门或者乡级人民政府负责组织实施。村民对村集体经济管理、处置有异议的，也可以由村民会议、村民代表会议决定委托专业审计机构实施。实行村级会计委托代理的地方，根据实际情况，由县级人民政府决定可以对乡镇代理服务中心进行审计。集体资产的管理使用、财务预决算、财务收支、生产经营和建设项目的发包管理、集体的债权债务、政府划拨或接受社会捐赠的款物使用等，应当纳入经济责任审计的范围。任期经济责任审计，由村民会议或者村民代表会议根据本村集体经济活动和集体财务往来的实际情况讨论决定。当年进行村民委员会选举的村，应当在选举前对村民委员会成员进行离任经济责任审计。

（二）规范经济责任审计的程序。实施经济责任审计时，审计机构应当召开主要审计工作人员，村党组织、村民委员会和村务监督机构成员代表参加的会议，安排审计工作的有关事项，并向全体村民公布审计方案。本村五分之一以上的村民要求进行经济责任审计的，应当及时安排审计，并有提出要求的村民推选出的代表参加。经济责任审计过程中，要广泛听取村民意见，吸纳村务监督机构成员、村民代表等参与。离任经济责任审计结果应当在登记参加下一届村民委员会选举的村民名单公布10日前公布。因辞职、罢免、职务终止等原因任期未满离任的，审计结果在离任后一个月内公布。村民对审计结果有异议的，应当通过村务监督机构要求审计单位作出解释说明。经济责任审计的报告和结果应当报送乡镇党委、政府备案。

（三）严肃审计责任追究。审计工作结束时，审计机构应当出具书面审计报告，全面、客观确定经济审计责任，提出健全和完善工作制度的意见和建议。对审计对象存在违反有关法律法规行为，应当给予处理处罚的，由审计机关在法定职权范围内作出审计决定。依据审计决定，村务监督机构对有侵占集体资产、资金和资源等情况的，要责令有关人员如数退赔；对审计机构提出的意见和建议，要提请村民会议或者村民代表会议研究改进措施。应当由其他部门处理的问题，依法移送有关部门处理。因任期届满、罢免、职务终止等原因离任的村民委员会成员，未经审计，不得解除任职期间的经济责任。

五、进一步强化村级民主监督工作的保障措施

（一）健全和落实领导责任制。各地各部门要把加强村级民主监督工作列入重要议事日程，建立健全党政齐抓共管、村务公开领导（协调）机构组织协调、有关部门各负其责的领导体制和工作机制。加大宣传力度，营造有利于农民群众依法直接有序行使民主监督权利的良好舆论环境。加强培训，增强农村基层干部为民服务、廉洁自律意识，提高推进村级民主监督实践能力。加大督促指导工作力度，为村务监督机构正常开展工作创造必要条件。建立健全工作责任追究制度，对因领导和指导工作不力、敷衍应付、处置不当等引发较大规模群体性事件的，追究相关领导和有关人员的责任。

（二）继续深化村务公开工作。村务公开是村级民主监督的重要内容和形式。各地各部门要继续贯彻落实《中华人民共和国村民委员会组织法》和中办发〔2004〕17号文件精神，以县（市、区）为单位统一村务公开目录，不断丰富村务公开内容，规范村务公开程序，统一村务公开时间。深入推进乡镇政务公开，转变乡镇政府职能，促进政府行政管理和基层群众自治有效衔接和良性互动。逐步把驻在农村的机关、团体、部队、国有及国有控股企业、事业单位参与农村社区建设情况，学校、医院等与农民群众关系密切的公用事业单位以及"一站式"综合服务窗口提供公共服务情况等纳入公开范围。积极推进组务公开，及时公开村民小组会议讨论决定事项及实施情况等。

（三）健全村务档案管理制度。村务档案是村民行使民主监督权利的重要查证依据。村党组织、村民委员会、村务监督机构和村集体经济组织应当建立健全村务档案，及时对工作中形成的对国家、社会和村民具有保存价值的文字、图表、声像、电子等各种资料进行整理归档并统一保存。村务档案归全体村民共同所有，任何组织和个人不得据为己有或者擅自更改、销毁。村务档案由专人负责归档、保管和使用管理。村应当设立专门的档案柜，有条件的村应当建立综合档案室，并逐步实现档案管理的现代化。不具备档案保管条件的，可以将档案交由乡镇档案机构代为保管。

（四）加强村级公共事务信息化建设。进一步畅通村民参与村级民主监督的渠道，积极探索村务管理的信息化，实现人口信息、生产经营、村集体"三资"、村务档案等信息化管理。有条件的地方，可以探索开发村务管理软件，建立村务管理信息化平台，规范工作程序，提高管理服务效率。探索建立村民信息交流互动平台，了解村民诉求，解决村民反映的问题。积极探索使用互联网、手机短信等方式，及时公开强农惠农富农政策、涉农收费、农村财务和农村重大事项、市场供需信息以及农业科普信息、村民委员会协助政府开展工作等内容，切实保障村民尤其是外出务工人员的民主权利。

（五）充分发挥村党组织的领导核心作用。村党组织按照中国共产党章程进行工作，发挥领导核心作用，领导和支持村民委员会、村务监督机构依法依章行使职权，组织开展对党员的民主监督工作，引导党员充分发挥先锋模范作用。提倡村党组织成员通过民主程序兼任村务监督机构成员。积极探索有效发挥村党组织领导核心作用的方式和途径。完善村内重大事项民主决策制度，健全“一事一议”制度，逐步推行村主要负责人廉政承诺制度、村干部勤廉双述、村民质询制度。加强村民会议、村民代表会议建设，制定各项管理规范和工作制度，提高村民特别是村民代表的民主素质和议事能力，引导村民理性表达诉求。积极培育和发展农村服务性、公益性、互助性社会组织，促进其发挥参与监督和建言献策等方面的作用。

各地各部门可根据本意见精神制定具体实施意见，重大问题及时报告。

民政部　中央纪委　中央组织部

中央农办　中央文明办　公安部

司法部　财政部　国土资源部

农业部　国家人口计生委　国家信访局

2012 年 9 月 21 日

湖北省村民委员会选举办法

（1999 年 1 月 22 日湖北省第九届人民代表大会常务委员会第七次会议通过
根据 2002 年 8 月 2 日湖北省第九届人民代表大会常务委员会
第三十四次会议《关于修改〈湖北省村民委员会选举办法〉的决定》修正
2011 年 5 月 26 日湖北省第十一届人民代表大会常务委员会
第二十四次会议修订）

第一章　总　则

第一条　为了规范村民委员会选举工作，保障村民依法行使民主权利，加强基层民主政治建设，根据《中华人民共和国村民委员会组织法》和有关法律的规定，结合本省实际，制定本办法。

第二条　村民委员会由主任、副主任和委员共三至七人组成，具体人数由乡级人民政府根据各村实际情况提出后，交村民会议或者村民代表会议讨论决定。

村民委员会成员中，应当有妇女成员，多民族村民居住的村应当有人数较少的民族的成员。民族村的村民委员会，以建立民族村的少数民族村民为主组成。

第三条　村民委员会主任、副主任和委员，由村民采取差额和无记名投票方式直接选举产生。任何组织或者个人不得指定、委派或者撤换村民委员会成员。

第四条　村民委员会每届任期三年，届满应当及时举行换届选举。村民委员会成员可以连选连任。

因特殊情况需要提前或者延期换届选举的，由村民委员会提出申请，村民会议或者村民代表会议讨论通过后，经乡级人民政府报请县级人民政府批准；县级行政区域内所有村民委员会提前或者延期换届选举的，县级人民政府应当报请省人民政府批准。

第五条 村民委员会选举在中国共产党湖北省各级委员会的领导下依法进行。中国共产党的农村基层组织在村民委员会选举工作中发挥领导核心作用，依法支持和保障村民行使民主权利。

县级以上人民代表大会及其常务委员会和乡级人民代表大会依法监督村民委员会选举工作。

第六条 村民委员会换届选举工作由省人民政府统一部署，各级人民政府组织实施。

县级以上人民政府民政部门负责指导本行政区域内村民委员会选举的日常工作。

第七条 各级人民政府组织、指导村民委员会选举工作所需经费，由本级财政拨付。村民委员会的选举工作经费在村级收入中列支。对经济困难的村，县乡财政给予补助；县乡财政困难的，上级财政给予补助。任何组织和个人不得向村民摊派选举工作经费。

第二章 选举工作机构

第八条 村民委员会换届选举期间，县级和乡级人民政府分别成立村民委员会选举工作指导组，指导村民委员会换届选举工作。选举工作指导组履行下列职责：

（一）宣传有关村民委员会选举的法律、法规，指导村民依法行使选举权利；

（二）制定选举工作方案，确定选举文书、选票式样和选举日期，并报上一级人民政府民政部门备案；

（三）指导和监督村民选举委员会依法开展工作，培训选举工作人员；

（四）全面掌握选举工作情况，及时报告、依法处理重要问题；

（五）接受和处理有关选举的来信来访；

（六）指导、协调村民委员会完成工作移交；

（七）总结和组织交流选举工作经验；

（八）办理选举工作中的其他事项。

县级以上人民政府按照省有关规定建立村民委员会选举观察员制度，选派观察员观察、了解选举工作情况，加强对村民委员会选举的监督。

第九条 村成立村民选举委员会，主持村民委员会的选举工作。村民选举委员会由主任、副主任、委员组成，其成员一般为五至十一人，村民小组较多的村，村民选举委员会成员可以适当增加，具体名额由村民会议或者村民代表会议确定。

村民选举委员会成员，由村民会议、村民代表会议或者各村民小组会议推选产生。村民选举委员会成员的推选工作在村党组织领导下，由上一届村民委员会主持。乡级人民政府村民委员会选举工作指导组对村民选举委员会成员构成可以提出建议。

村民选举委员会成员应当由熟悉选举工作法律法规，热心为村民服务，能倾听村民意见，办事公道，作风正派，在村民中有威望的村民担任。村民选举委员会中应当有妇女成员。

村民选举委员会议事实行少数服从多数的原则。村民选举委员会的任期从推选产生之日起至本届村民委员会选举工作结束时止。

第十条 村民选举委员会在村民委员会选举工作指导组的指导下，履行下列职责：

（一）开展宣传动员工作，告知村民选举事项，解答有关选举的询问；

（二）制定选举工作实施方案，报乡级人民政府村民委员会选举工作指导组备案；

（三）公布选举方式、选举日和日程安排，准备村民委员会成员候选人提名表、选票和其他表格；

（四）提名并公布由村民会议或者村民代表会议通过的监票人、唱票人、计票人等工作人员；

（五）组织开展选举工作人员培训；

（六）审查村民选举资格，登记并公布参加选举的村民名单；

（七）受理和调查村民有关选举的检举和申诉；

（八）确定村民委员会成员候选人名额，主持候选人推选工作，审查候选人资格，依法确定、公布候选人名单，组织候选人与村民见面；

（九）审查委托投票申请，公布委托人和受委托人名单；

（十）主持选举大会，组织选举投票，公布选举结果；

（十一）建立选举工作档案，总结和上报选举工作情况，主持村民委员会的工作移交；

（十二）处理选举工作中的其他事项。

第十一条 村民选举委员会成员被提名为村民委员会成员候选人的，应当退出村民选举委员会。

村民选举委员会成员当选后不认真履行职责的，乡级人民政府村民委员会选举工作指导组、本村五分之一以上有选举权的村民或者三分之一以上的村民代表可以提出免职建议，经原推选组织同意，予以免职，由村民选举委员会公布。

村民选举委员会成员在选举期间无正当理由两次不参加村民选举委员会会议的，其职务自行终止。

村民选举委员会成员出现缺额的，按照原推选结果依次递补，也可以另行推选。

第三章 参加选举的村民登记

第十二条 年满十八周岁的村民，不分民族、种族、性别、职业、家庭出身、宗教信仰、教育程度、财产状况、居住期限，都有选举权和被选举权。依照法律被剥夺政治权利的人除外。

村民年龄的计算时间，以选举日为准。村民出生日期以居民身份证为准；未办理居民身份证的，以户口登记为准。

第十三条 村民选举委员会应当在选举前对下列人员进行登记，列入参加选举的村民名单：

（一）户籍在本村并且在本村居住的村民；

（二）户籍在本村，不在本村居住，本人表示参加选举的村民；

（三）户籍不在本村，在本村居住一年以上，本人申请参加选举，并且经村民会议或者村民代表会议同意参加选举的公民。

户籍在本村，不在本村居住的村民，经村民选举委员会告知后，本人表示不参加选举的或者十日内不答复的，不列入参加选举的村民名单。

已在户籍所在村或者居住村登记参加选举的村民，不得再参加其他地方村民委员会的选举。

第十四条 村民选举委员会应当在选举日的二十日前，在村民委员会和各村民小组所在地公布登记参加选举的村民名单。

对登记参加选举的村民名单有异议的，应当自名单公布之日起五日内向村民选举委员会申诉，村民选举委员会应当自收到申诉之日起三日内作出处理决定，并公布处理结果。

村民选举委员会应当在选举日的五日前发放选举证。

第十五条 村民选举委员会应当自登记参加选举的村民名单公布之日起十日内组织推选村民代表。

村民代表应当是本村登记参加选举的村民，其产生方式可以由村民按每五户至十五户推选一人，也可以由各村民小组按分配名额推选。村民代表总人数不少于二十五人，一般不超过五十人。其中，妇女村民代表应当占村民代表会议组成人员的三分之一以上。

村民代表的任期与村民委员会的任期相同，可以连选连任。

第十六条 村民选举委员会应当在选举日前核实登记参加选举的村民名单。登记参加选举的村民名单公布后，对因死亡、依法被剥夺政治权利等原因不再符合登记条件的村民，应当从名单中删除；对恢复政治权利和新迁入本村的村民，应当补办登记。

登记参加选举的村民名单的变动情况，村民选举委员会应当及时公布。

第四章　选举方式

第十七条　村民委员会成员的选举，可以采取有候选人的选举方式，有条件的地方也可以采取无候选人的选举方式。

第十八条　村民委员会成员候选人应当具备下列条件：

（一）符合本办法第十三条规定，已登记参加选举；

（二）遵纪守法、廉洁奉公、品行良好、公道正派、热心公益；

（三）具有一定的文化水平和组织、协调、管理能力，能够发展农村经济和社会事业，带领村民共同致富。

鼓励符合前款规定条件的农村致富能手、外出务工经商返乡农民、复转军人、回乡大中专毕业生、选聘的驻村大学毕业生、机关企事业单位退休返乡干部职工等积极参选村民委员会成员。鼓励在发展农村经济和社会事业，带领村民共同致富等方面取得显著成绩的村民委员会主任及其他成员连选连任。

第十九条　村民选举委员会应当主持召开村民会议或者各村民小组会议，提名村民委员会主任、副主任和委员候选人。

村民委员会成员候选人，应当由过半数登记参加选举的村民直接提名。直接提名的候选人中，应当有适当数量的妇女候选人。每位村民提出的候选人人数不得超过应选名额。

正式候选人按照提名得票多少从高到低依次确定，其中至少有一名妇女候选人。没有妇女候选人的，以提名得票最多的妇女为候选人。

村民委员会主任、副主任和委员的候选人人数应当分别比应选名额至少多一人。

第二十条　村民选举委员会进行资格审查后，在选举日的十日前按提名职务和提名得票多少的顺序公布候选人名单。

被提名人不接受提名的，应当在候选人名单公布之日起二日内向村民选举委员会提出书面意见。候选人出现缺额的，按照提名得票多少的顺序依次递补。

第二十一条 村民选举委员会应当向村民介绍候选人的基本情况，并组织候选人与村民见面，由候选人介绍履行职责的设想，回答村民提出的问题。

候选人在介绍自己时，应当实事求是，符合法律、法规和政策规定，其主要内容应当事先以书面形式送村民选举委员会备案。

第二十二条 采取无候选人选举方式的，在选举日直接进行投票选举。

有意愿参选村民委员会成员的村民，应当在选举日十日前向村民选举委员会书面提出参选意愿。村民选举委员会对其进行资格审查后，于选举日五日前在村民委员会和各村民小组所在地以姓名笔画为序公布参选人名单。

第五章　投票与当选

第二十三条 村民选举委员会应当在投票前做好下列准备工作：

（一）提前五日公布选举日投票的具体时间、地点、投票方式；

（二）准备投票箱、选票和选举结果报告单；

（三）布置选举大会会场和投票站，设立选票发放处、秘密写票处、投票处、代写处；

（四）向村民公布或者说明投票方法和其他选举注意事项；

（五）完成其他有关工作。

投票箱应当符合安全、保密的要求；选票由县级或者乡级人民政府统一印制，并加盖本村村民选举委员会印章。

第二十四条 投票选举以村民选举委员会主持召开选举大会的形式进行。为便于居住分散的村民投票，可以增设投票站。选举时，应当设立秘密写票处。

对老、弱、病、残等无法到场投票的村民，经乡级人民政府村民委员会选举工作指导组批准，可以设立流动投票箱，每个流动投票箱由三名以上工作人员负责，其中应当至少有一名村民选举委员会成员。在流动票箱投票的村民，应当在签名簿上签名。

第二十五条 登记参加选举的村民应当按照规定直接参加投票。选举期间外出不能参加投票的，应当自登记参加选举的村民名单公布之日起的七日内通过书信、手机短信、电子邮件等形式委托本村有选举权的近亲属代为投票，在本村没有近亲属的，可以委托有选举权的其他村民代为投票，同时告知村民选举委员会。村民选举委员会经核查，确认委托有效后，应当在选举日五日前公布委托人和受委托人名单，并发放委托投票证。

每位村民接受的委托不能超过二人，且不得违背委托人意愿。村民的委托投票申请在委托投票名单公布后不得变更或者撤回。村民委员会成员候选人、参选人不得接受委托。

第二十六条 每一登记参加选举的村民在一次选举中只有一个投票权。参加投票的村民对候选人可以投赞成票，可以投反对票，可以弃权，也可以另选其他村民。

参加投票的村民凭选举证、委托投票证领取选票，独立填写后，投入票箱。

参加投票的村民因故不能填写选票的，可以委托除候选人、参选人以外的其他人代写。代写人不得违背委托人的意愿。

第二十七条 村民委员会成员的选举，可以一次性投票选举主任、副主任和委员；也可以分次投票，先选主任，再选副主任，最后选委员。分次投票的，主任候选人未当选时，可以作为副主任的候选人；副主任候选人未当选时，可以作为委员的候选人。

具体投票方式由村民选举委员会确定，但不能由当选的委员推选主任、副主任。

第二十八条 投票结束后，所有投票箱都应当立即加封，并由选举工作人员在当日内送至大会会场集中。公开开封检票后，由监票人、唱票人、计票人公开统计票数。计票结束后，监票人、唱票人、计票人应当在统计结果记录上签字。

村民委员会成员候选人、参选人及其近亲属不得担任监票人、唱票人、计票人。

第二十九条 登记参加选举的村民过半数投票，且收回选票数等于或者少于发出选票数的，选举有效；收回选票数多于发出选票数的，选举无效。

每一选票所选人数等于或者少于应选人数的，选票有效；多于应选人数或者选举同一人担任两项以上职位的，选票无效。全部书写模糊无法辨认或者不按规定填写的，选票无效；选票部分书写模糊无法辨认，可以辨认的部分有效，无法辨认的部分无效。选举工作人员对选票是否有效存在争议的，应当提交村民选举委员会决定。无效票计入选票总数。

第三十条 候选人或者参选人获得参加投票的村民过半数选票，始得当选。获得过半数选票的候选人或者参选人的人数超过应选名额时，以得票多的当选；因得票数相同而不能确定当选人时，应当当场就得票数相同的候选人或者参选人再次投票，以得票多的当选。

主任、副主任的当选人中没有妇女，但委员的候选人或者参选人中有妇女获得过半数选票的，应当首先确定得票最多的妇女当选委员，其他当选人按照得票多少的顺序确定；如果委员的候选人或者参选人中没有妇女获得过半数选票的，应当从应选名额中确定一个名额另行选举妇女委员，直到选出为止，其他当选人按照得票多少的顺序确定。

村民委员会成员之间实行回避制度。选出的村民委员会成员之间有夫妻或者父母子女关系的，只确定职务最高的一人当选；如果职务相同，只确定得票最多的一人当选。

第三十一条 经投票选举，当选人数不足应选名额的，不足的名额另行选举。另行选举的，第一次投票未当选的人员得票多的为候选人，候选人以得票多的当选，但是所得票数不得少于已投选票总数的三分之一。

当选人数少于三人的，不足的名额应当在选举日之后的十五日内选出。当选人数已达三人或者三人以上的，可以组成新一届村民委员会，不足名额暂缺，在选举日之后的三个月内选出。主任暂缺的，由当选得票多的副主任暂时主持工作；主任、副主任暂缺的，由当选得票多的村民委员会委员暂时主持工作；直到选出主任、副主任为止。

第三十二条 村民委员会的选举结果由村民选举委员会依据本办法确认是否有效，当场公布，并报乡级人民政府和县级人民政府民政部门备案。

新当选的村民委员会主任、副主任和委员由乡级人民政府颁发省人民政府统一印制的当选证书。

因各种原因造成村民委员会选举无效、需要重新选举的，应当在宣布选举无效之日起三个月内进行。重新选举适用本办法的规定。

第三十三条 以暴力、威胁、欺骗、贿赂、伪造选票、虚报选举票数等不正当手段当选村民委员会成员的，当选无效。

对以暴力、威胁、欺骗、贿赂、伪造选票、虚报选举票数等不正当手段，妨害村民行使选举权、被选举权，破坏村民委员会选举的行为，村民有权向乡级人民代表大会和人民政府或者县级人民代表大会常务委员会和人民政府及其有关主管部门举报，由乡级或者县级人民政府负责调查并依法处理。

第三十四条 上一届村民委员会应当在新一届村民委员会产生之日向新一届村民委员会移交公章，并于十日内办结办公设施、财务账目、资料档案、集体资产、未完工作的移交。移交的项目、数量、重要情况等应当详细记录并存档。移交工作由村民选举委员会主持，乡级人民政府监督。逾期不交接的，乡级人民政府应当督促交接或者由有关部门依法处理。

第三十五条 新一届村民委员会应当自产生之日起一个月内组织召开村民会议或者村民代表会议，从村民中推选村务监督委员会成员；组织召开各村民小组会议推选村民小组组长。

村务监督委员会由三至五人组成，其中应当有妇女成员和具备财会、管理知识的成员。村民委员会成员及其近亲属不得担任村务监督委员会成员。

推选村民小组组长，应当有本组十八周岁以上的村民三分之二以上或者户代表三分之二以上参加，并经到会人员的过半数同意。

村务监督委员会成员和村民小组组长的任期与村民委员会的任期相同，可以连选连任。

第六章　辞职、职务自行终止、罢免与补选

第三十六条　村民委员会成员要求辞去职务，应当以书面形式向村民委员会提出，并经村民会议或者村民代表会议讨论决定。同意其辞职要求的，应当自决定之日起五日内公告，并报乡级人民政府和县级人民政府民政部门备案；不同意其辞职要求的，该村民委员会成员在六个月内不得以同一事实和理由再次提出辞职要求。

未经村民会议或者村民代表会议通过，村民委员会成员擅自离职的，应当对其所造成的损失承担赔偿责任。

村民委员会成员连续两次以同一事实和理由提出辞职要求的，村民会议或者村民代表会议应当接受其辞职。

第三十七条　村民委员会成员有下列情形之一的，其职务自行终止：

（一）死亡的；

（二）丧失行为能力的；

（三）被判处刑罚的；

（四）违反计划生育法律、法规超计划生育的；

（五）连续两次民主评议不称职的。

村民委员会成员职务自行终止的，村民委员会应当公告，并报乡级人民政府和县级人民政府民政部门备案。

第三十八条　本村五分之一以上有选举权的村民或者三分之一以上的村民代表联名，可以以书面形式向村民委员会和乡级人民政府提出罢免村民委员会成员的要求，并说明要求罢免的理由。

第三十九条　村民委员会成员有下列情形之一的，乡级人民政府可以向村民委员会提出书面罢免建议：

（一）违反法律、法规，不适合继续担任村民委员会成员的；

（二）失职、渎职造成村民利益重大损失的；

（三）连续三个月以上无正当理由不参加村民委员会工作的。

第四十条　村民委员会应当自接到罢免要求书或者罢免建议书之日起

的一个月内召开村民会议，投票表决罢免要求或者罢免建议。村民委员会在一个月内拒绝召开村民会议投票表决罢免要求的，乡级人民政府应当召集村民会议，投票表决罢免要求。表决和罢免结果报乡级人民政府和县级人民政府民政部门备案。

被提出罢免要求或者罢免建议的村民委员会成员有权出席会议，进行申辩或者提出书面申辩意见。

罢免村民委员会成员，须有登记参加选举的村民过半数投票，并须经投票的村民过半数通过。罢免获得通过的，被罢免的村民委员会成员自通过之日起终止职务，十日内办理工作交接手续。罢免未获通过的，村民、村民代表或者乡级人民政府在六个月内不得以同一事实和理由再次提出罢免要求或者罢免建议。

第四十一条 村民委员会成员因辞职、职务自行终止、被罢免等原因离任的，应当由县级人民政府农业、财政部门或者乡级人民政府负责组织对其进行离任经济责任审计，并邀请村民代表参加，审计结果应当及时公布。

第四十二条 村民委员会成员因辞职、职务自行终止、被罢免等原因缺额的，应当在三个月以内进行补选。补选工作由村民委员会主持召开村民会议或者村民代表会议进行。补选时，村民委员会没有妇女成员的，应当补选妇女成员。

登记参加选举的村民过半数或者村民代表会议组成人员的三分之二以上参加投票，补选有效。得票多的候选人当选，但是获得的选票应当超过投票总数的半数。补选的具体程序和方法，参照本办法有关规定办理。补选结果报乡级人民政府和县级人民政府民政部门备案。

补选产生的村民委员会成员的任期到本届村民委员会任期届满时止。

第七章 法律责任

第四十三条 违反本办法规定，有下列行为之一的，由乡级人民政府或者县级人民政府及其有关部门责令改正，对直接责任人依法处理：

（一）指定村民委员会成员候选人的；

（二）指定、委派、撤换村民委员会成员的；

（三）未经依法批准，提前或者延期换届选举的；

（四）在选举工作中滥用职权、营私舞弊、玩忽职守，造成恶劣影响的；

（五）其他违反村民委员会选举相关规定的行为。

第四十四条 违反本办法规定，采取暴力、威胁、欺骗、贿赂、伪造选票、虚报选举票数等不正当手段当选村民委员会成员的，由负责调查的人民政府宣布当选无效；构成违反治安管理行为的，由公安部门依法处理；构成犯罪的，依法追究刑事责任。

第四十五条 村民选举委员会不主持工作移交或者上一届村民委员会不办理移交手续的，由乡级人民政府责令改正；造成集体财产损失的，依法承担赔偿责任。

第八章 附 则

第四十六条 辖有村的街道办事处，在村民委员会选举中履行本办法规定的应当由乡级人民政府履行的职责。

第四十七条 本办法自公布之日起施行。

关于印发《湖北省村务公开目录》的通知

鄂民政规〔2012〕4 号

各市州县纪委、党委组织部、民政局、财政局、农业（经管）局：

2009 年 3 月，省纪委、省委组织部、省民政厅、省财政厅、省农业厅联合印发了《湖北省村务公开目录（试行）》（鄂民政规〔2009〕2 号），3 年来，该《目录（试行）》对于规范我省村务公开，加强民主管理工作发挥了重要作用。随着农村形势的不断发展变化，广大农民群众对村务公开提出了新的要求，为进一步健全和完善村务公开民主管理制度，规范民主决策机制，强化村务管理监督制约机制，切实保障村民对本村事务的知情权、决策权、参与权和监督权，根据新修订的《中华人民共和国村民委员会组织法》和相关法律法规，在充分调研和广泛征求意见的基础上，修订了《湖北省村务公开目录》，现印发各地，请遵照执行。

中共湖北省纪律检查委员会　中共湖北省委组织部
湖北省民政厅　湖北省财政厅　湖北省农业厅
二〇一二年七月二十日

湖北省村务公开目录

一、村务公开的内容

（一）党务公开内容

1. 村党组织基本情况：任期目标及年度计划、班子成员及分工情况等；

2. 基础党务工作情况：党组织议事决策制度、开展活动制度，党员党费收缴及使用、培养入党积极分子及发展党员、党员年度评议、党员奖惩情况等；

3. 日常活动情况：民情恳谈、结对帮扶等；

4. 重大事项通告：上级党组织的重大决策、重要决定，本级党组织的重大活动等；

5. 党风廉政建设工作开展情况；

6. 党风廉政监督举报电话等。

（二）政务公开内容

1. 国家强农惠农政策；

2. 计划生育有关政策、法规；

3. 村庄规划、征用征收土地和宅基地审批及补贴政策措施；

4. 农村社会保障政策措施；

5. 征兵政策；

6. 定向考录村干部进入公务员队伍的政策、条件及程序；

7. 有关其他涉及“三农”问题的政策措施；

8. 其他需要公开的事项。

（三）事务公开内容

1. 村委会组织网络，村委会和村务监督委员会成员及分工情况；

2. 村委会任期目标和年度工作计划；

3. 新农村建设规划方案及其实施情况；

4. “五议五公开”执行情况；

5. 村“一事一议”筹资筹劳情况；

6. 村土地承包经营权流转情况；

7. 村民宅基地批建情况；

8. 征兵工作开展情况；

9. 计划生育政策落实及奖惩兑现情况；

10. 各种农业补贴政策落实情况；

11. 五保供养及低保情况；

12. 新型农村合作医疗和大病救助情况；

13. 新型农村社会养老保险情况；

14. 民主评议村干部情况；

15. 村民的建议及意见反馈等；

16. 其他需要公开的事项。

（四）财务公开内容

1. 村民代表会议通过的村级年度财务收、支预算方案及决算情况；

2. 国家强农惠农资金收支情况：各级财政下拨到村的基础设施建设、农业生产发展、扶贫、农业开发、以工代赈、对农民的直接补贴、农村社会事业发展等项目资金；

3. 新农村建设项目资金使用情况：包括项目预算、资金来源、具体开支、工程决算等；

4. 村级财务收支情况：出售和出租集体所有资产收入、投资收益、利息、集资款、土地征用补偿费、救济扶贫款、上级部门拨款、捐赠款物等；

5. 村集体土地征用征收及补偿情况；

6. 农村低保、分散供养“五保”、优抚、救灾救济、移民补偿、农村征地补偿安置、退耕还林还草等款物的发放情况；

7. 水、电等费用收缴情况；

8. 村集体经济债权债务；

9. 村集体“三资”（资金、资产、资源）处置情况；

10. 村组干部误工报酬；

11. 各级对村集体经济的审计情况；

12. 社会团体、民间组织、社会个人捐赠款物使用情况；

13. 村务监督委员会开展村财务监督情况；

14. 村干部离任审计情况；

15. 其他需要公开的事项。

（五）服务公开内容

1. 经济服务：农产品供求信息、生产经营、市场流通，培育农村经济组织、金融贷款、新技术新产品推广、农村灌溉、机耕植保、农村劳动就业培训等；

2. 社会服务：扶贫济困、医疗救助、五保供养、烈军属优待、残疾人及托老托幼等；

3. 综治维稳服务：农村治安、外来人口管理、人民调解等；

4. 公益事业服务：村公共设施建设、村容村貌整治、乡村道路修建和维护、公共水利设施建设和维修、兴办村小学（托儿所、幼儿园等）、合作医疗建立、实行计划生育、生态资源环境保护、婚事新办、丧事简办、禁黄、禁赌、禁毒，抵制封建迷信，开展健康文明的文体活动等；

5. 便民服务：开展便民服务的内容及程序；

6. 其他需要公开的事项。

（六）点题公开内容

村民要求公开的其他内容。

二、村务公开形式

村务公开形式以公开栏为主，同时可以通过网络、广播、村报公开，也可通过召开村民会议、村民代表会议、民主听证会或发放明白纸（卡）到户等多种形式进行辅助公开，有条件的地方还可以通过电子触摸屏公开。村务公开栏设置要求：每个建制村都应设立村务公开栏。公开栏以县级单位统一模板，设立的原则：因地制宜、相对固定、防雨防晒、美观大方、栏目全面、方便群众。公开栏设立的数量、版面根据各村的实际条件确定，面积一般不小于12平方米。按照目标公开、党务公开、政务公开、事务公开、财务公开、服务公开、点题公开、回音壁等栏目进行设置。公开栏旁应设立“意见箱”，并公布监督电话，广泛收集村民意见或建议。

三、村务公开的程序

村民委员会根据本村的实际情况，依照有关法规和政策要求提出村务公开的具体方案；村务监督委员会对方案进行审查、补充、完善后，提交村党组织、村民委员会集体讨论确定；村民委员会通过村务公开栏等形式及时公布；村务监督委员会审查村务公开内容是否全面、真实，公开时间是否及时；听取群众意见，及时解答群众疑问；建立村务公开档案备查。

四、村务公开的时间

根据村务公开内容实行月公开、季公开、年公开、及时公开。一般的村务事项至少每季度公开一次，涉及农民切身利益的重大问题以及群众关心的事项要及时公开。

五、村务公开栏参考模板样式

湖北省村务公开栏设计模板样式

××县（市、区）			××镇（街）×××			村村务公开栏		××××年		×季度	
目标公开	党务公开		政务公开	事务公开			财务公开			服务公开	
年度发展目标及实施情况	党风廉政建设情况	日常活动开展情况	国家、地方政府惠农方针政策及落实情况	计划生育公开	民主评议村干部情况	“一事一议”筹资筹劳情况	村级年度财务收、支预决算方案及决算情况	村集体“三资”处置情况	村组干部工资及误工报酬	经济服务	公益事业
								点题公开		回音壁	

图书在版编目（CIP）数据

村民自治工作理论与实务／陈新祥，唐鸣主编．—北京：中国社会出版社，2014.1

（城乡社区工作理论与实务丛书）

ISBN 978－7－5087－4628－9

Ⅰ.①村… Ⅱ.①陈…②唐… Ⅲ.①农村－群众自治－工作经验－湖北省 Ⅳ.①D638

中国版本图书馆 CIP 数据核字（2013）第 299608 号

书　　名：村民自治工作理论与实务
主　　编：陈新祥　唐　鸣
全案策划：李春园
责任编辑：刘云燕

出版发行：中国社会出版社　　**邮政编码：**100032
通联方法：北京市西城区二龙路甲 33 号
电话：编辑部：（010）66064025
邮购部：（010）66081078
销售部：（010）66080300　（010）66085300　传真（010）66051713
（010）66080360　（010）66080880　（010）66080880
网　　址：www. shcbs. com. cn
经　　销：全国各地新华书店

印　　刷：中国电影出版社印刷厂
开　　本：170mm×240mm　1/16
印　　张：14. 5
字　　数：230 千字
版　　次：2014 年 1 月第 1 版
印　　次：2017 年 1 月第 2 次印刷
定　　价：30. 00 元